DIBUJAR

PERSONAJES

por Michel **Lauricella**

Traducción de Unai Velasco

GG

Debo dar las gracias a Nathalie Tournillon, que me propuso esta colección; a Hélène Raviart, por nuestros constructivos intercambios; y a Camille Monin por la relectura y la reescritura de numerosos pasajes, cuya lectura ahora resulta mucho más clara.

Título original: *Dessiner les personnages*.
Publicado originalmente por Éditions Eyrolles, París, en 2024.

Diseño: Sophie Charbonnel

Todas las ilustraciones son obra del autor, excepto la figura 1 (pág. 5): photo SCALA, Florence-Courtesy of the Ministero Beni e Att. Culturali e del Turismo, Dist. GrandPalaisRmn / image Scala.

Printed in Slovenia
ISBN: 978-84-252-3578-8
Depósito legal: B. 18986-2024
Impresión: GPS

Editorial GG, SL
Via Laietana, 47, 3.° 2.ª, 08003 Barcelona
(+34) 933 228 161
www.editorialgg.com

Índice

Introducción

El dibujo de personajes se puede abordar de muchas formas, así que sentíos libres de emplear cualquier tipo de modelo: fotos (de revistas o periódicos, de internet), la copia (de dibujos, pinturas o esculturas), la familia (un pariente que lee, que hace punto de cruz o que mira la tele, etc.), los amigos y las amigas, los desconocidos y las desconocidas (en un café o en otros lugares públicos), o a uno mismo (¡un autorretrato a través del espejo, vuestra manos, vuestros pies!). En fin, cualquier cosa sirve mientras os permita practicar, pues más vale practicar un rato pero de forma constante (aunque sea arañando unos minutos de aquí y de allá), antes que estar esperando eternamente a que se den las condiciones óptimas.

Cuando uno empieza a dibujar, siente la tentación de atenerse a la verosimilitud, un término que por lo general significa «el deseo de lograr un resultado fotográfico». El dibujo, claro está, no se limita a esa opción. Ofrece una gran libertad de ejecución que permite una gran cantidad de experiencias expresivas. Las transformaciones, las deformaciones deliberadas o no (permitíos un resultado imperfecto), a menudo resultan muy evocativas.

El formato de este libro, lamentablemente, me obliga a acotar mi exposición. Me dirijo aquí especialmente a todos aquellos que empiezan a dibujar y que quieren representar personajes humanos realistas, o semirrealistas, al estilo de muchas de las novelas gráficas, películas de animación y videojuegos. Espero que lo paséis bien copiando mis dibujos, o inspirándoos en ellos, simplemente. Sin embargo, no perdáis de vista que al dibujar todo está permitido. El dibujo es una maravillosa forma de expresión gracias a su simplicidad (basta con un lápiz y una hoja de papel), además de un estupendo modo de observación que nos obliga a tomarnos nuestro tiempo. Dibujar es estar continuamente tomando decisiones, y estas son infinitas. Y, para terminar, deciros que cualquier herramienta, formato y soporte (un cuaderno de dibujo, una simple libreta, etc.) son bienvenidos, y que todos ellos os conducirán a observar de una manera distinta.

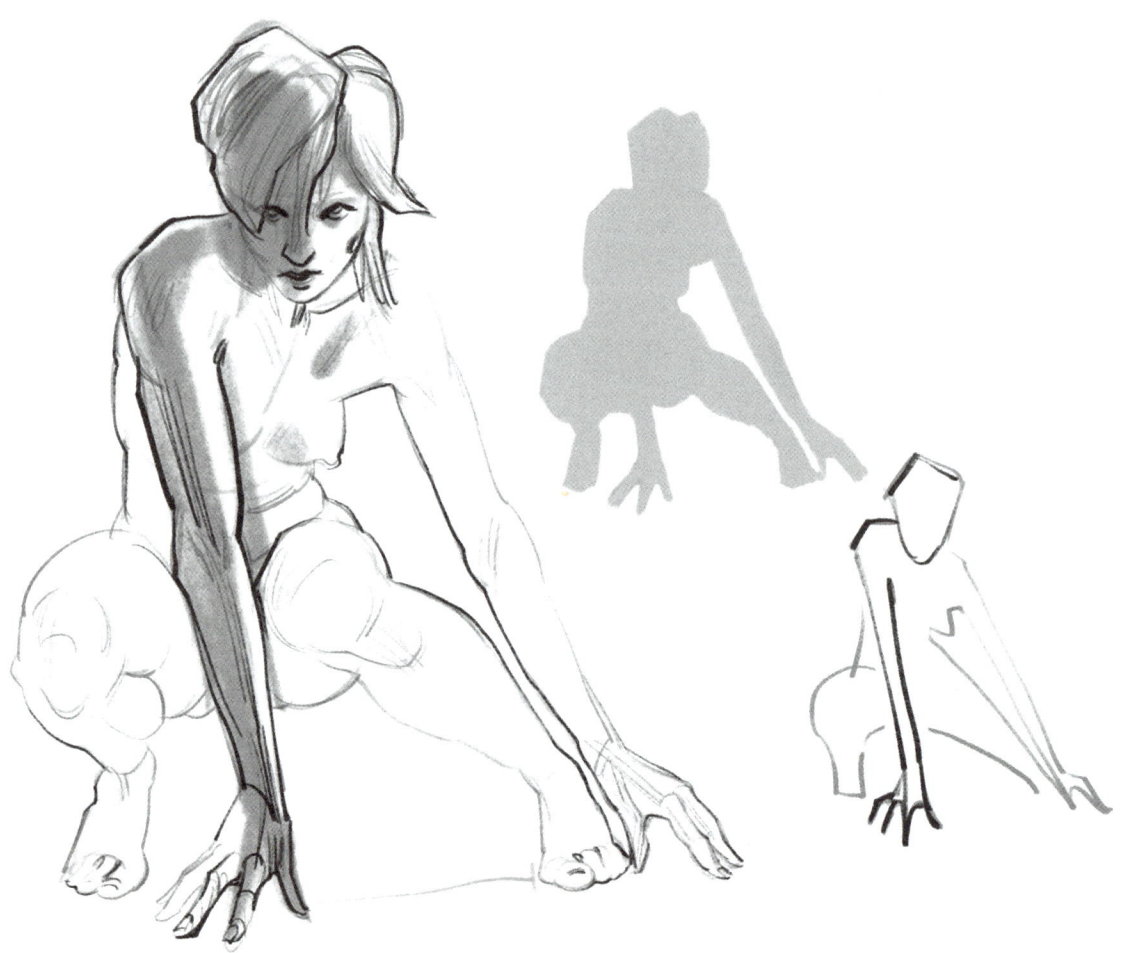

Las proporciones del cuerpo

Fig. 1 Existen numerosos cánones de proporciones. Yo me he decantado por uno de los más conocidos, el de Leonardo da Vinci, que resulta muy fácil de memorizar:

- nuestra envergadura es equivalente a nuestra talla (se trata de un canon, de modo que, según la anchura de vuestros hombros, dicha envergadura puede ser inferior o superior a vuestra talla);
- la altura de un cuerpo es globalmente equivalente a la de ocho cabezas superpuestas;
- la media distancia de un cuerpo se encuentra situada a la altura del pubis (por encima de los genitales), y la cuarta a la altura de la articulación de las rodillas.

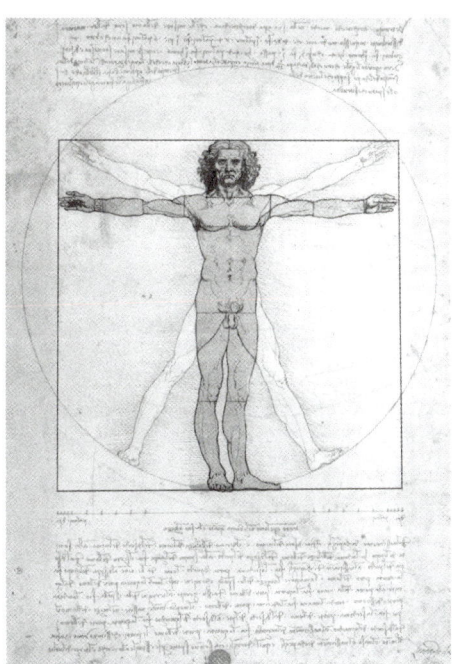

Fig. 1

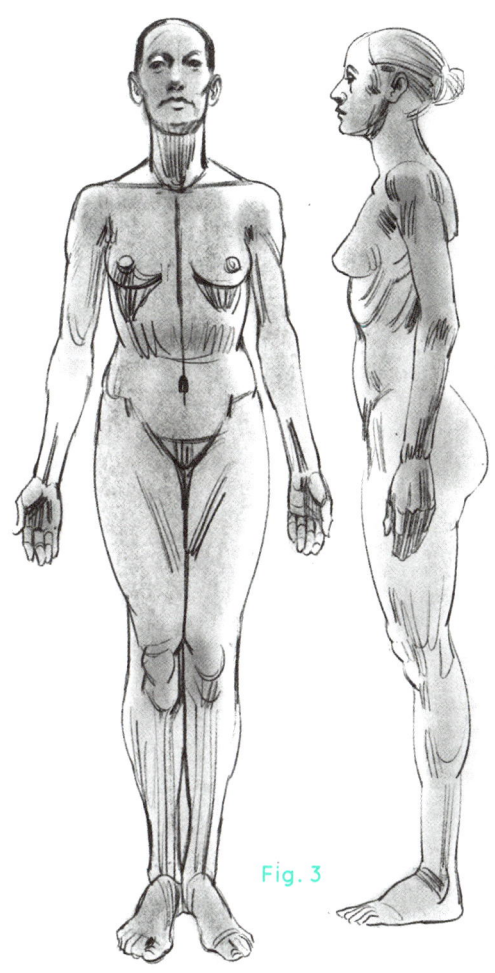

Fig. 3

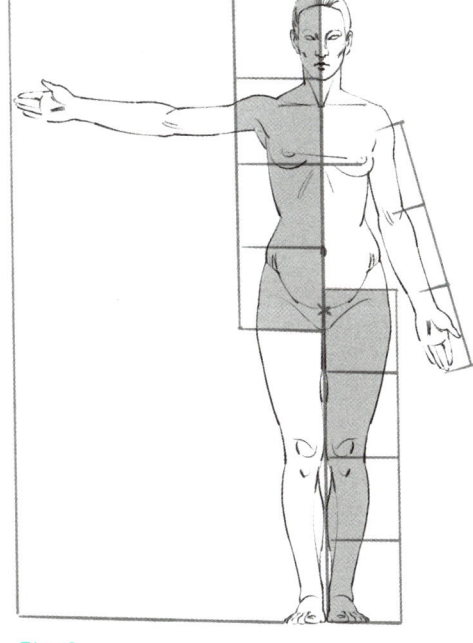

Fig. 2

Fig.2 El canon de Richer corresponde a tallas medianas. Para aplicarlo, basta con hacer que las dos mitades del canon anterior se solapen un total de media altura de cabeza.

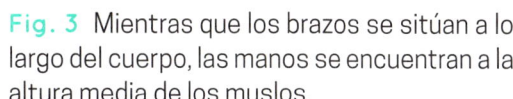

Fig. 3 Mientras que los brazos se sitúan a lo largo del cuerpo, las manos se encuentran a la altura media de los muslos.

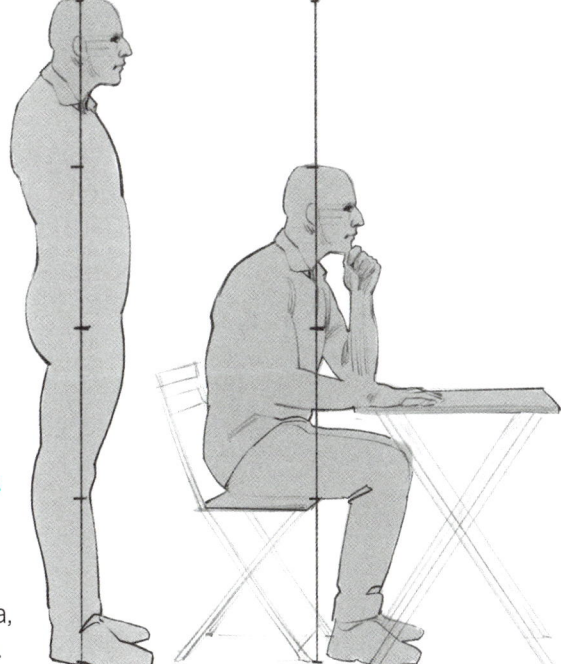

Fig. 4

Fig. 4 Cuando está en posición sentada, un personaje pierde un cuarto de su altura.

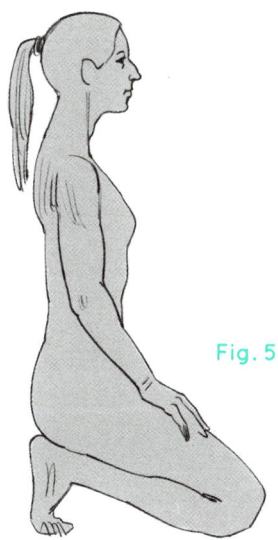

Fig. 5

Fig. 5 Si nos sentamos sobre los talones, lo normal es que el muslo equivalga, en longitud, al tamaño del pie y de la pierna.

Las proporciones del cuerpo

5

Las proporciones de la cabeza

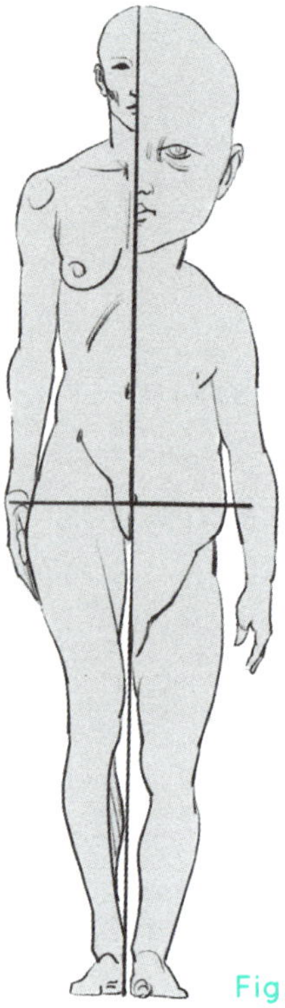

Fig. 1 Los ojos están situados a media altura del rostro. Si desplazamos la altura de la nariz a lo alto del rostro, la medida debería corresponderse con el nacimiento del pelo y, desplazada hacia abajo, con el borde del mentón. Así pues, la oreja se encuentra a la altura de la nariz, a media distancia, si la vista es de perfil, justo detrás de la articulación de la mandíbula (según Da Vinci).

Fig. 2 Adulto y recién nacido (según G. Bammes, véase la bibliografía en la página 32).

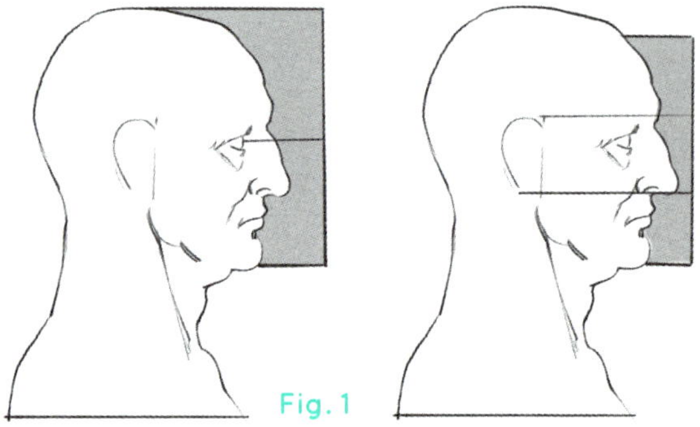

Fig. 1

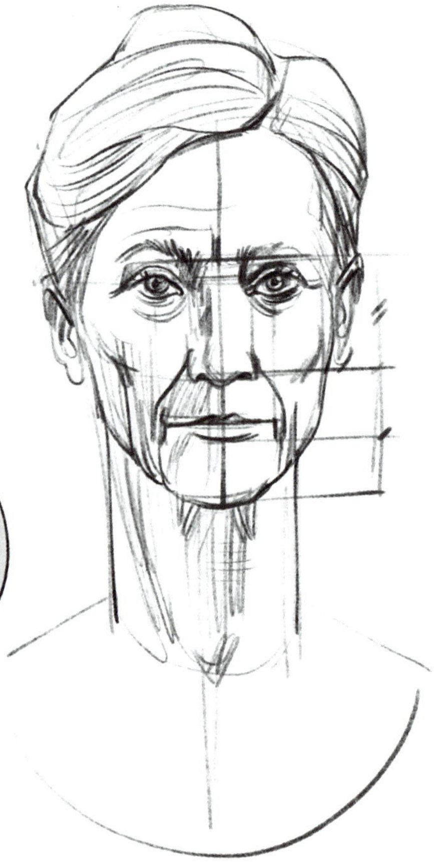

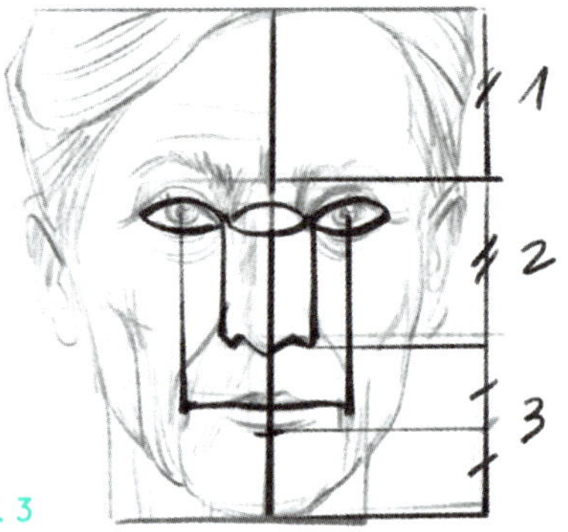

Fig. 2

Fig. 3

Fig. 3 Un tercer ojo podría deslizarse entre los dos ojos de la mirada. La anchura de la nariz puede también coincidir con esa proporción, mientras que la comisura de los labios quedaría aquí aplomada desde el medio de los ojos. Se trata simplemente de trucos nemotécnicos: ¡las variaciones son infinitas y la asimetría reina en los detalles!

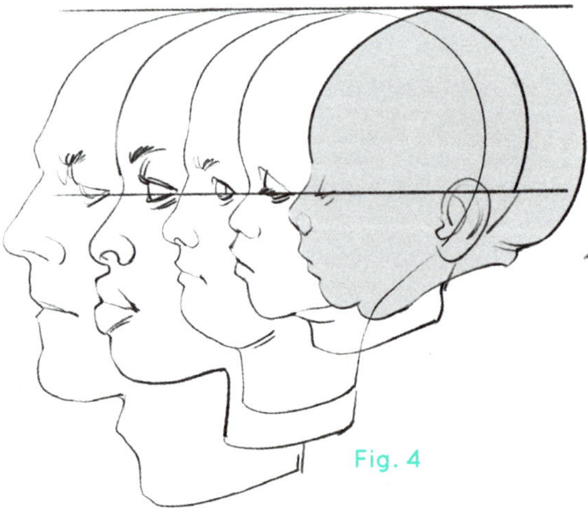

Fig. 4

Fig. 4 Los perfiles han sido ajustados a una misma altura entre el ojo y la parte superior del cráneo. Sin embargo, debemos tener en cuenta que no se han respetado las proporciones: el cráneo de un recién nacido tiene una media de 35 cm de circunferencia y el de un adulto mide en torno a 55 y 60 cm. La ausencia de dentadura, los dientes de leche y, por último, la dentadura definitiva juegan un papel decisivo en los tamaños de la cabeza.

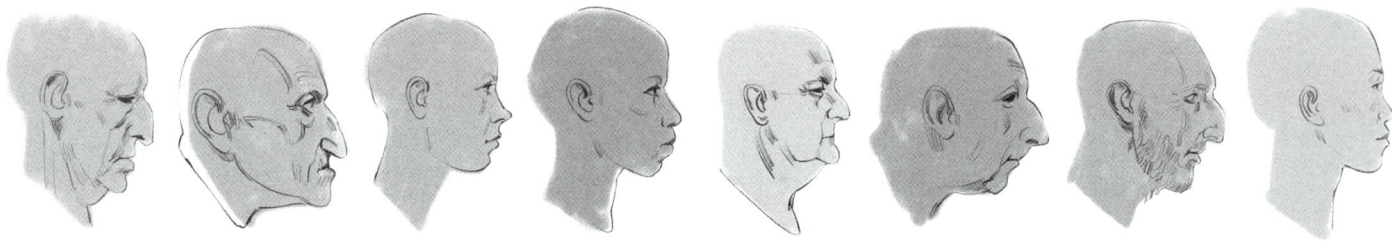

El pelo

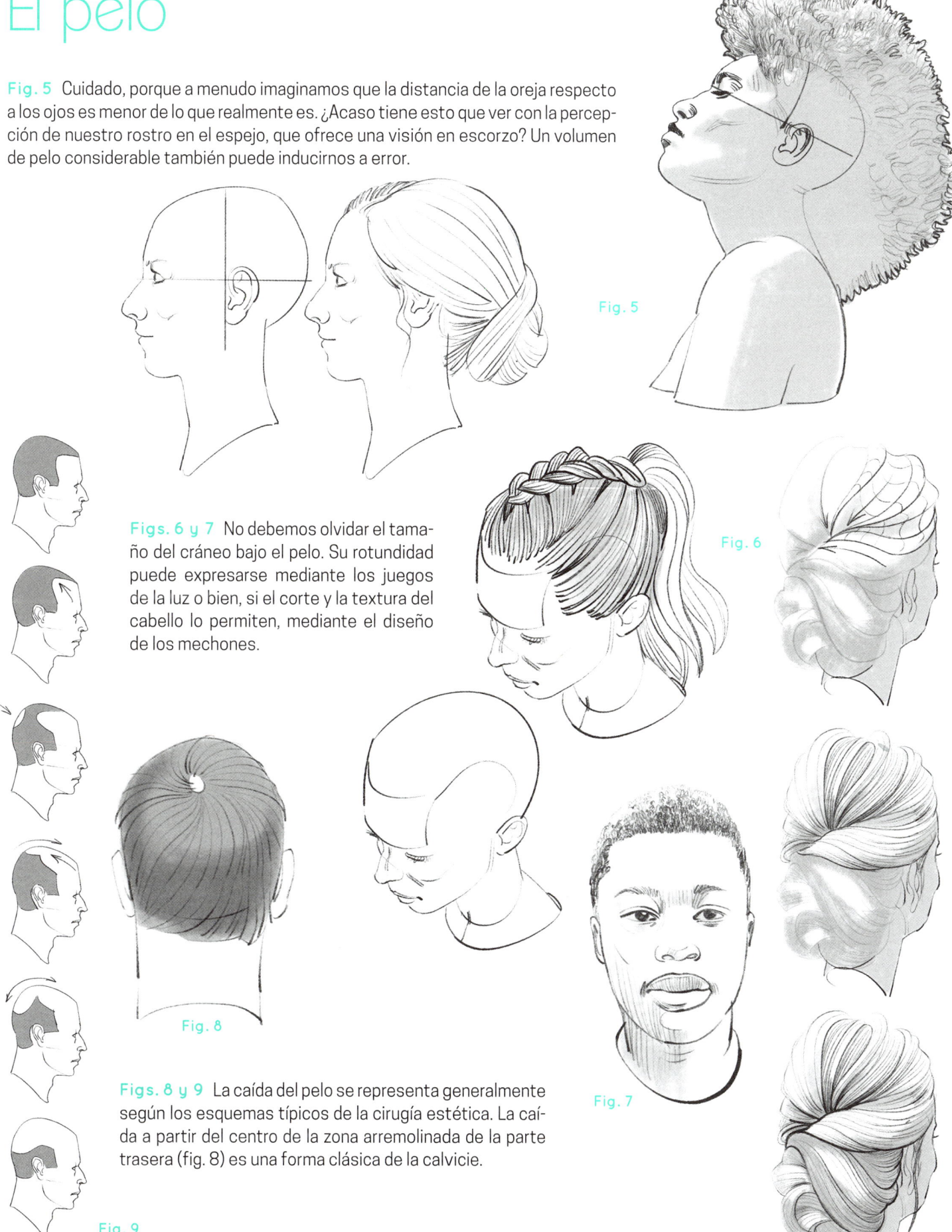

Fig. 5 Cuidado, porque a menudo imaginamos que la distancia de la oreja respecto a los ojos es menor de lo que realmente es. ¿Acaso tiene esto que ver con la percepción de nuestro rostro en el espejo, que ofrece una visión en escorzo? Un volumen de pelo considerable también puede inducirnos a error.

Fig. 5

Figs. 6 y 7 No debemos olvidar el tamaño del cráneo bajo el pelo. Su rotundidad puede expresarse mediante los juegos de la luz o bien, si el corte y la textura del cabello lo permiten, mediante el diseño de los mechones.

Fig. 6

Fig. 7

Fig. 8

Figs. 8 y 9 La caída del pelo se representa generalmente según los esquemas típicos de la cirugía estética. La caída a partir del centro de la zona arremolinada de la parte trasera (fig. 8) es una forma clásica de la calvicie.

Fig. 9

Los ojos y la nariz

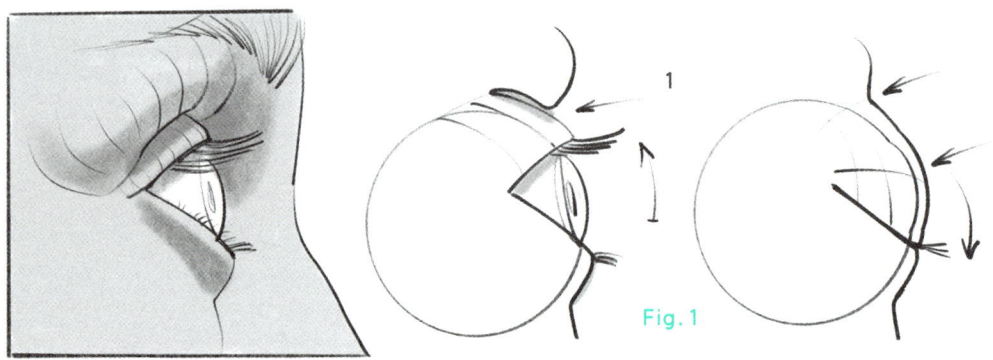

Fig. 1

Fig. 1 Apertura y cierre de los párpados. El trazo del pliegue palpebral (1) resulta visible sobre el párpado superior cuando este baja.

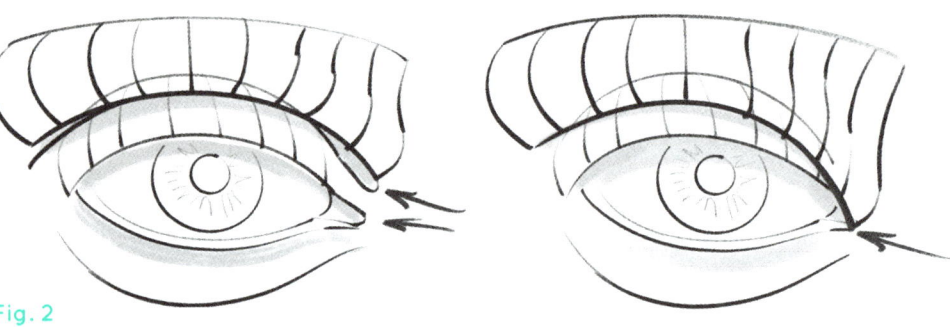

Fig. 2

Fig. 2 El pliegue palpebral puede situarse más o menos arriba, hasta llegar a recubrir el párpado inferior.

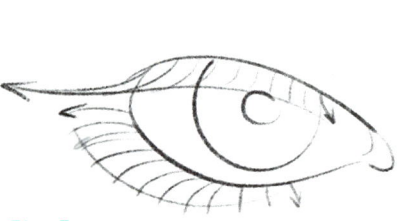

Fig. 3

Fig. 3 Las pestañas establecen una sombra protectora sobre los ojos y ejercen de filtro sensible.

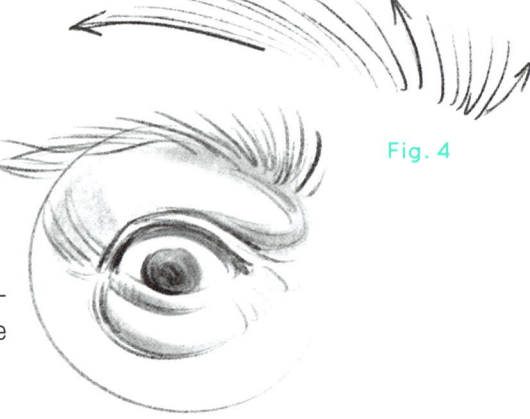

Fig. 4

Fig. 4 En su extremo interno, la «cabeza» de la ceja estalla o irradia. Desde allí, los pelos se inclinan en dirección a la «cola», en el otro extremo.

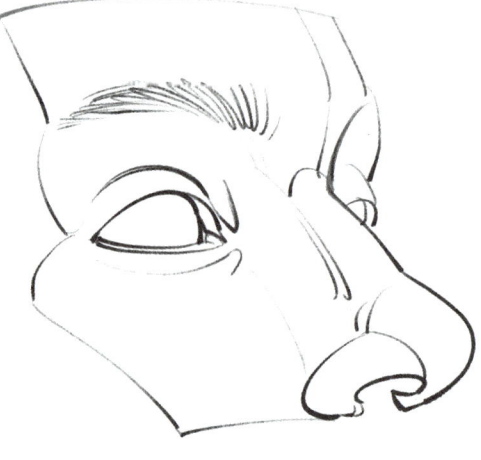

Fig. 5 El labio superior aparece como suspendido de los cartílagos de la nariz. Dos líneas carnosas delimitan el surco intermedio debajo de la nariz (el *filtrum*).

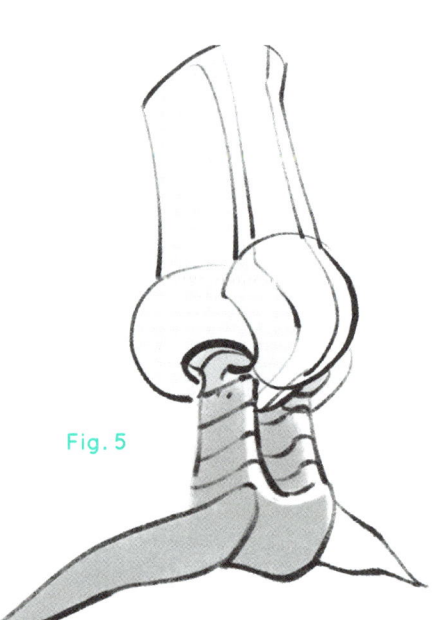

Fig. 5

La boca y las orejas

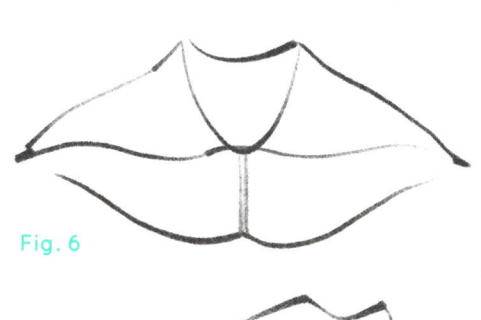

Fig. 6

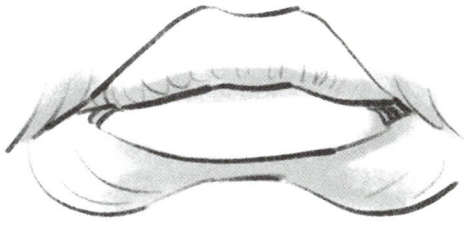

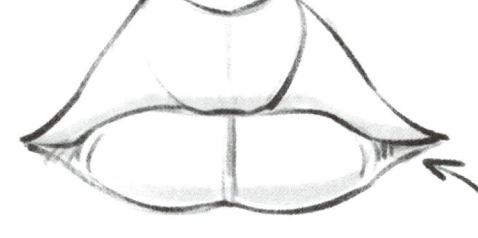

Fig. 6 Esquema de una boca, dividida en cinco partes.

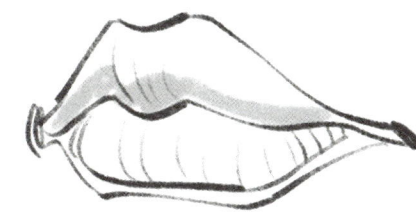

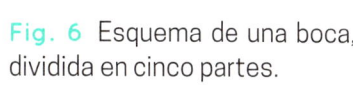

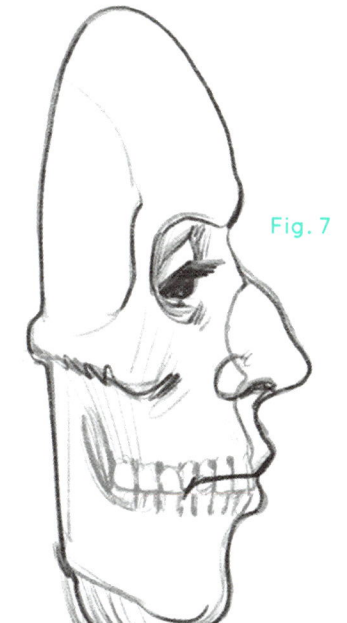

Fig. 7

Si normalmente vemos que el labio superior sobresale por encima del inferior, hay que tener en cuenta que lo contrario también sucede.

Fig. 7 Los labios se encuentran, en teoría, a media altura de los incisivos superiores.

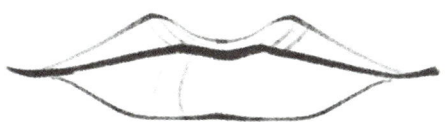

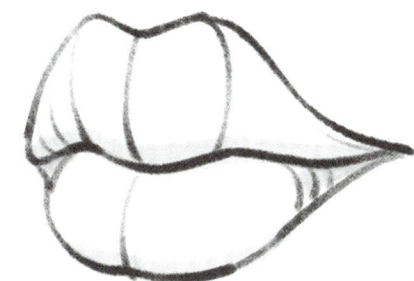

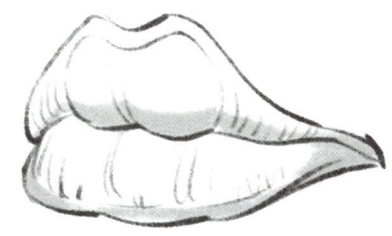

$? + y = \mathbf{?}$

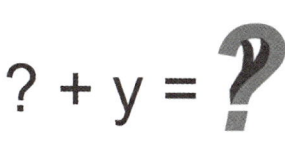

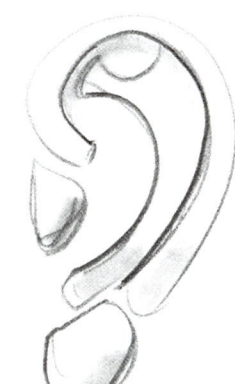

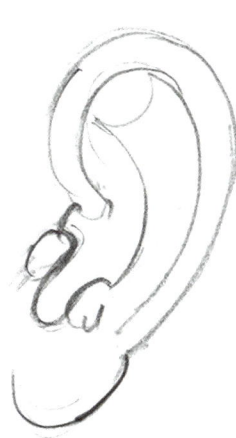

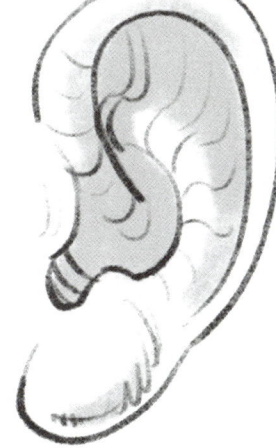

Fig. 8

Fig. 9

Fig. 8 Esquema nemotécnico de una oreja (según el artista Norman Lemay).

Fig. 9 El lóbulo puede quedar libre o, en buena medida, aparecer soldado, mientras que los bordes de la oreja pueden estar más o menos doblados.

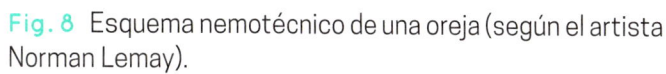

Las manos

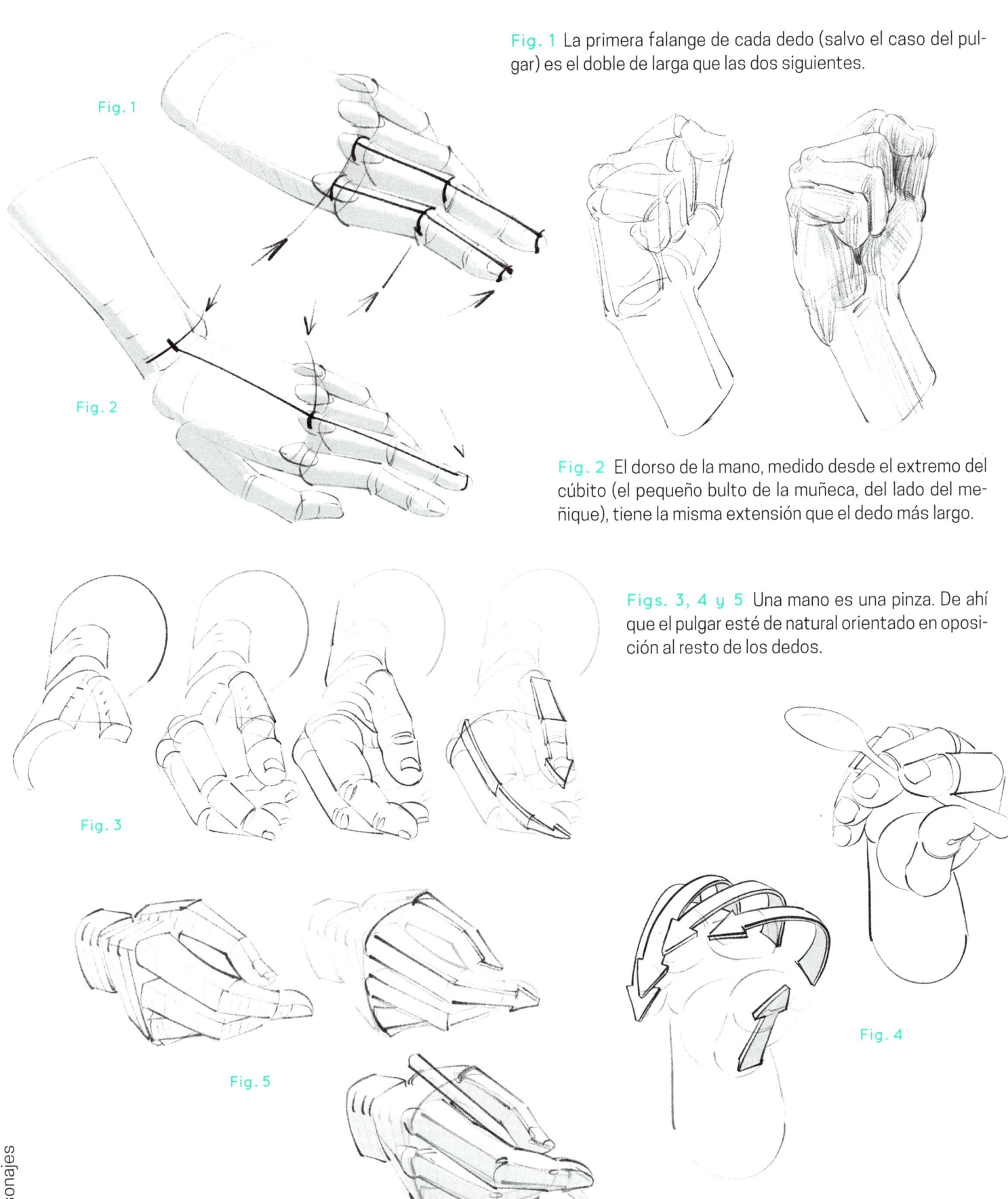

Fig. 1 La primera falange de cada dedo (salvo el caso del pulgar) es el doble de larga que las dos siguientes.

Fig. 2 El dorso de la mano, medido desde el extremo del cúbito (el pequeño bulto de la muñeca, del lado del meñique), tiene la misma extensión que el dedo más largo.

Figs. 3, 4 y 5 Una mano es una pinza. De ahí que el pulgar esté de natural orientado en oposición al resto de los dedos.

Fig. 1

Fig. 2

Fig. 3

Fig. 5

Fig. 4

Los pies

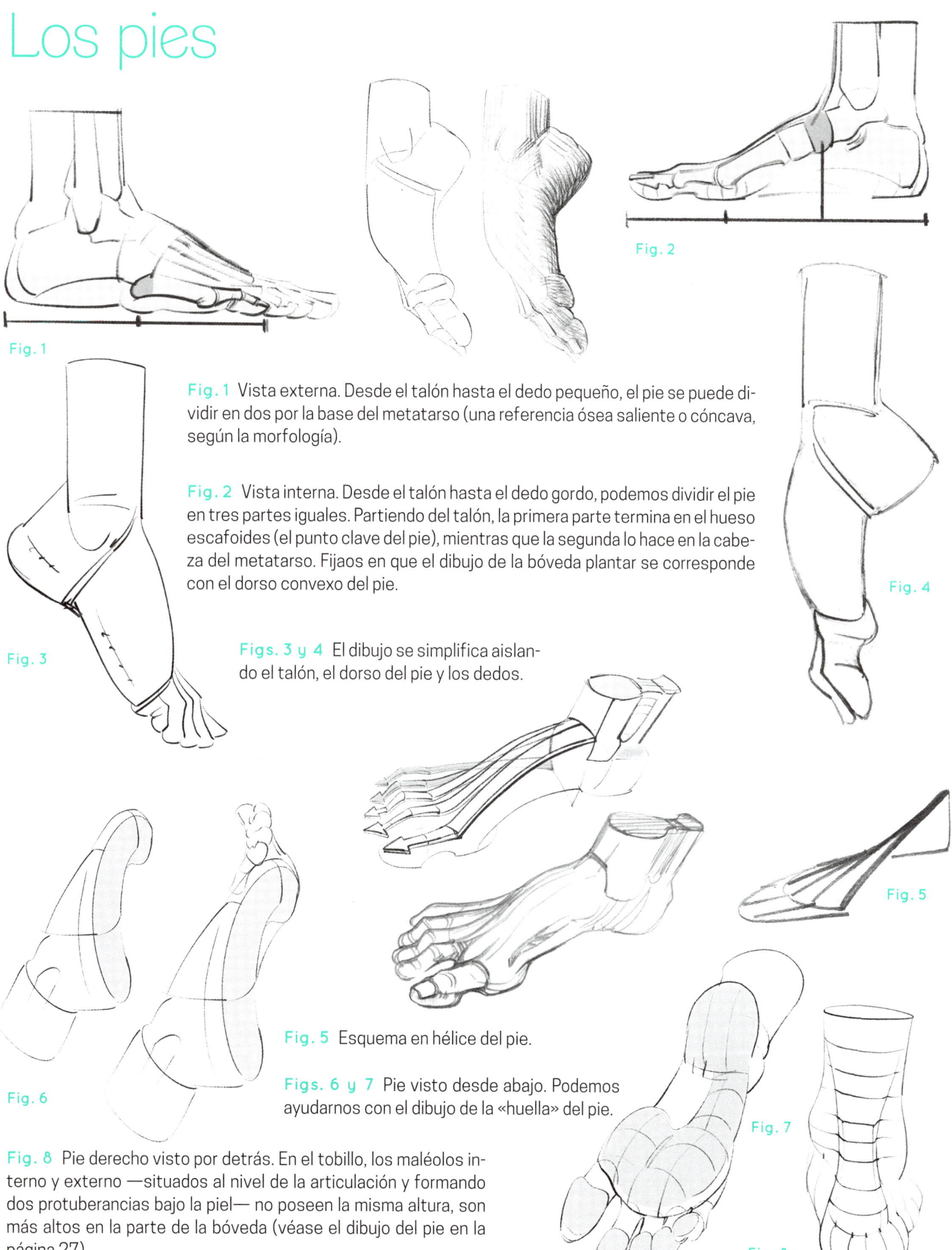

Fig. 1 Vista externa. Desde el talón hasta el dedo pequeño, el pie se puede dividir en dos por la base del metatarso (una referencia ósea saliente o cóncava, según la morfología).

Fig. 2 Vista interna. Desde el talón hasta el dedo gordo, podemos dividir el pie en tres partes iguales. Partiendo del talón, la primera parte termina en el hueso escafoides (el punto clave del pie), mientras que la segunda lo hace en la cabeza del metatarso. Fijaos en que el dibujo de la bóveda plantar se corresponde con el dorso convexo del pie.

Figs. 3 y 4 El dibujo se simplifica aislando el talón, el dorso del pie y los dedos.

Fig. 5 Esquema en hélice del pie.

Figs. 6 y 7 Pie visto desde abajo. Podemos ayudarnos con el dibujo de la «huella» del pie.

Fig. 8 Pie derecho visto por detrás. En el tobillo, los maléolos interno y externo —situados al nivel de la articulación y formando dos protuberancias bajo la piel— no poseen la misma altura, son más altos en la parte de la bóveda (véase el dibujo del pie en la página 27).

El esqueleto

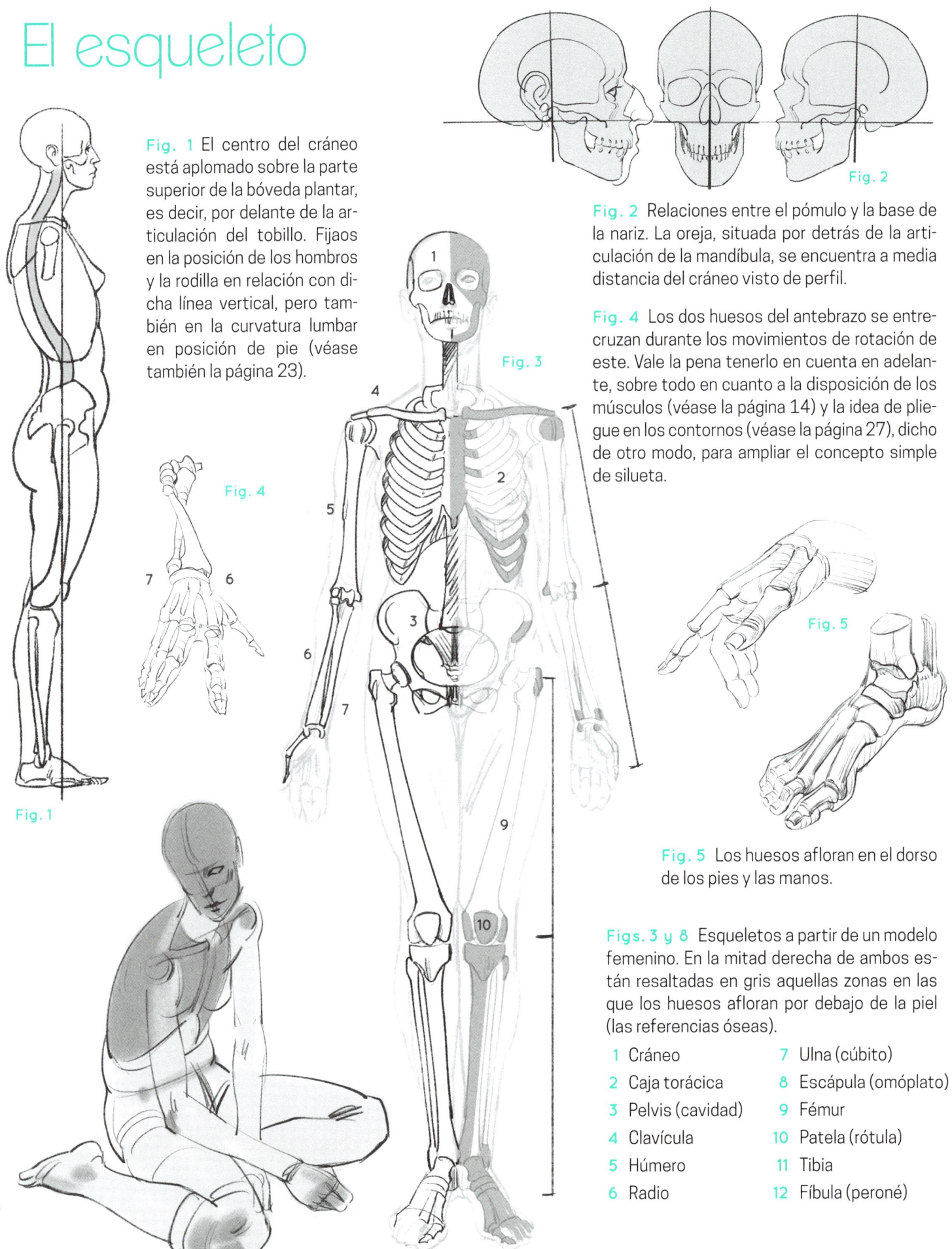

Fig. 1 El centro del cráneo está aplomado sobre la parte superior de la bóveda plantar, es decir, por delante de la articulación del tobillo. Fijaos en la posición de los hombros y la rodilla en relación con dicha línea vertical, pero también en la curvatura lumbar en posición de pie (véase también la página 23).

Fig. 2

Fig. 2 Relaciones entre el pómulo y la base de la nariz. La oreja, situada por detrás de la articulación de la mandíbula, se encuentra a media distancia del cráneo visto de perfil.

Fig. 4 Los dos huesos del antebrazo se entrecruzan durante los movimientos de rotación de este. Vale la pena tenerlo en cuenta en adelante, sobre todo en cuanto a la disposición de los músculos (véase la página 14) y la idea de pliegue en los contornos (véase la página 27), dicho de otro modo, para ampliar el concepto simple de silueta.

Fig. 3

Fig. 4

Fig. 5

Fig. 5 Los huesos afloran en el dorso de los pies y las manos.

Figs. 3 y 8 Esqueletos a partir de un modelo femenino. En la mitad derecha de ambos están resaltadas en gris aquellas zonas en las que los huesos afloran por debajo de la piel (las referencias óseas).

1 Cráneo	**7** Ulna (cúbito)
2 Caja torácica	**8** Escápula (omóplato)
3 Pelvis (cavidad)	**9** Fémur
4 Clavícula	**10** Patela (rótula)
5 Húmero	**11** Tibia
6 Radio	**12** Fíbula (peroné)

Fig. 1

Las referencias óseas

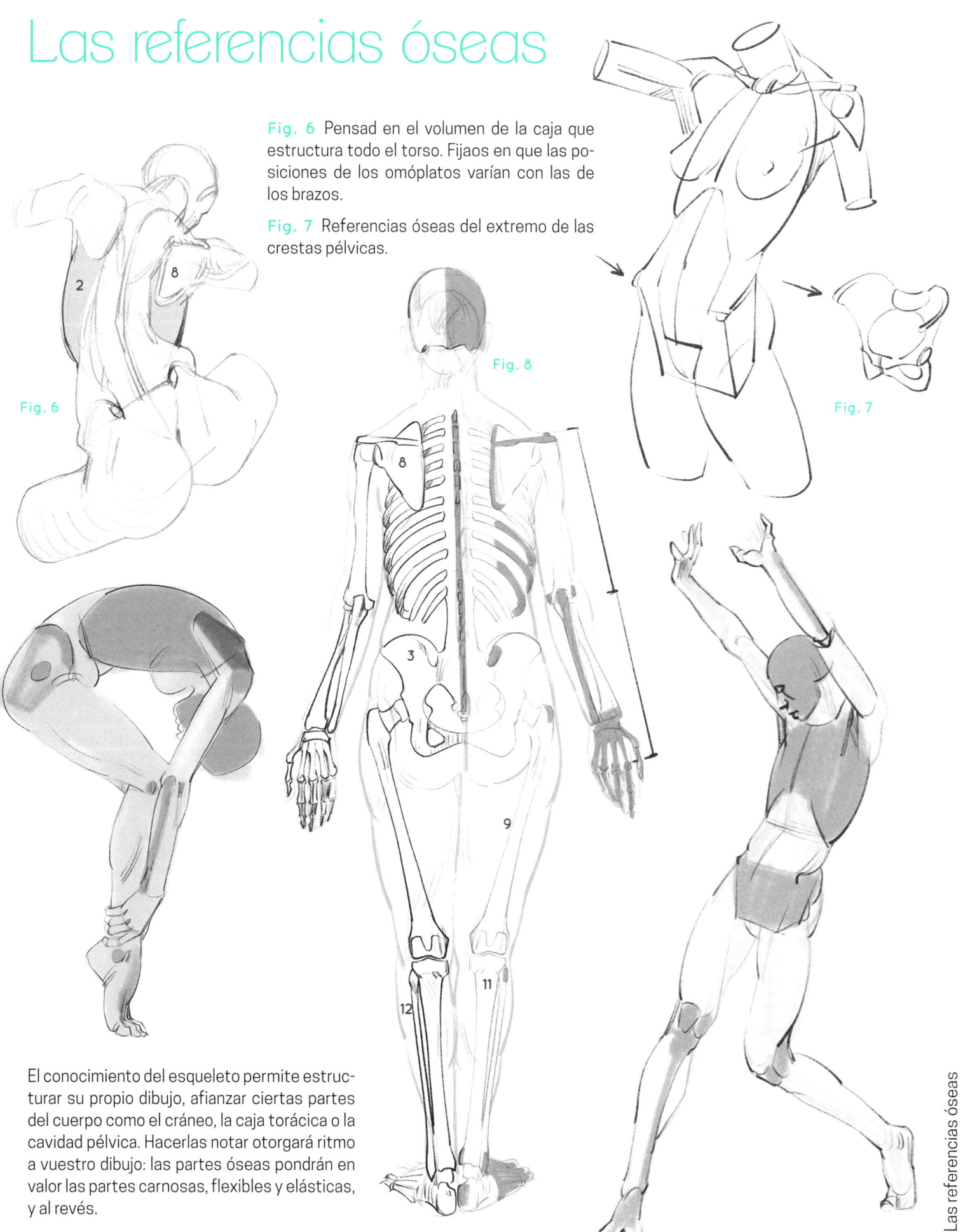

Fig. 6 Pensad en el volumen de la caja que estructura todo el torso. Fijaos en que las posiciones de los omóplatos varían con las de los brazos.

Fig. 7 Referencias óseas del extremo de las crestas pélvicas.

Fig. 6

Fig. 8

Fig. 7

El conocimiento del esqueleto permite estructurar su propio dibujo, afianzar ciertas partes del cuerpo como el cráneo, la caja torácica o la cavidad pélvica. Hacerlas notar otorgará ritmo a vuestro dibujo: las partes óseas pondrán en valor las partes carnosas, flexibles y elásticas, y al revés.

La musculatura

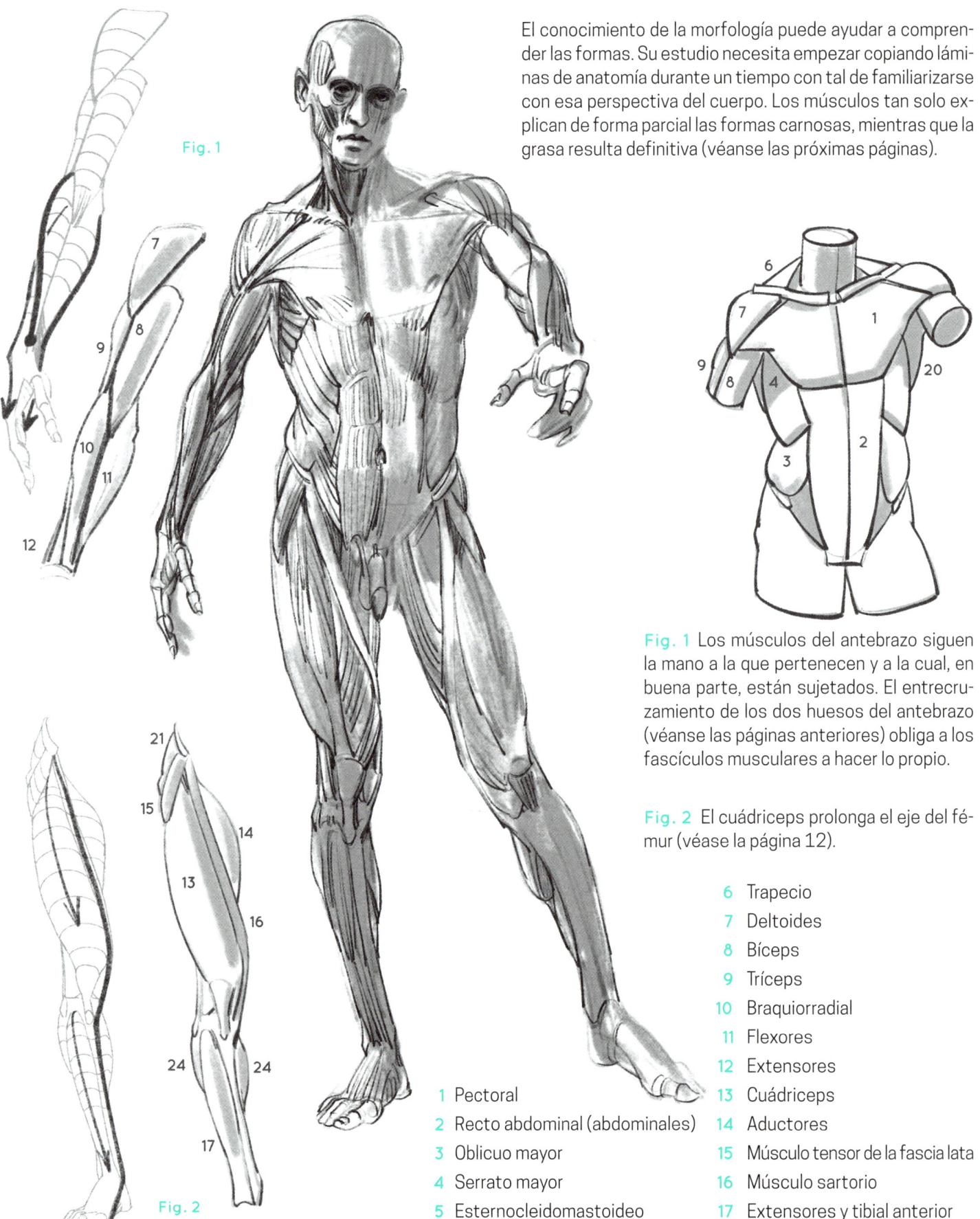

El conocimiento de la morfología puede ayudar a comprender las formas. Su estudio necesita empezar copiando láminas de anatomía durante un tiempo con tal de familiarizarse con esa perspectiva del cuerpo. Los músculos tan solo explican de forma parcial las formas carnosas, mientras que la grasa resulta definitiva (véanse las próximas páginas).

Fig. 1

Fig. 1 Los músculos del antebrazo siguen la mano a la que pertenecen y a la cual, en buena parte, están sujetados. El entrecruzamiento de los dos huesos del antebrazo (véanse las páginas anteriores) obliga a los fascículos musculares a hacer lo propio.

Fig. 2 El cuádriceps prolonga el eje del fémur (véase la página 12).

Fig. 2

1 Pectoral
2 Recto abdominal (abdominales)
3 Oblicuo mayor
4 Serrato mayor
5 Esternocleidomastoideo

6 Trapecio
7 Deltoides
8 Bíceps
9 Tríceps
10 Braquiorradial
11 Flexores
12 Extensores
13 Cuádriceps
14 Aductores
15 Músculo tensor de la fascia lata
16 Músculo sartorio
17 Extensores y tibial anterior

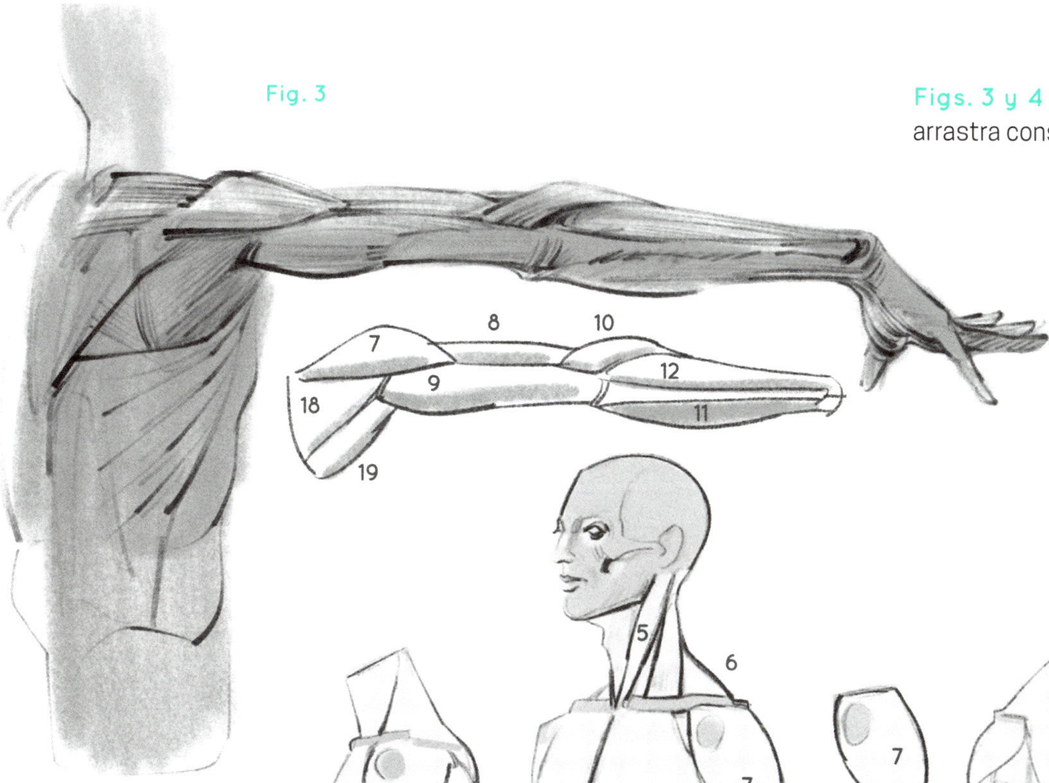

Fig. 3

Figs. 3 y 4 El desplazamiento del omóplato arrastra consigo los músculos del hombro.

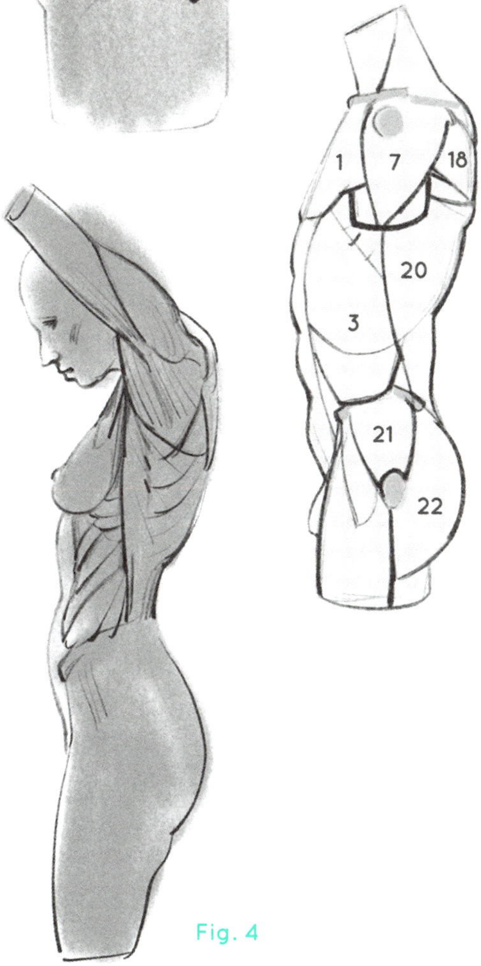

Fig. 4

Fig. 5

18	Supraespinoso
19	Redondo mayor
20	Dorsal ancho
21	Glúteo medio
22	Glúteo mayor
23	Isquiotibial
24	Gastrocnemio (gemelo)

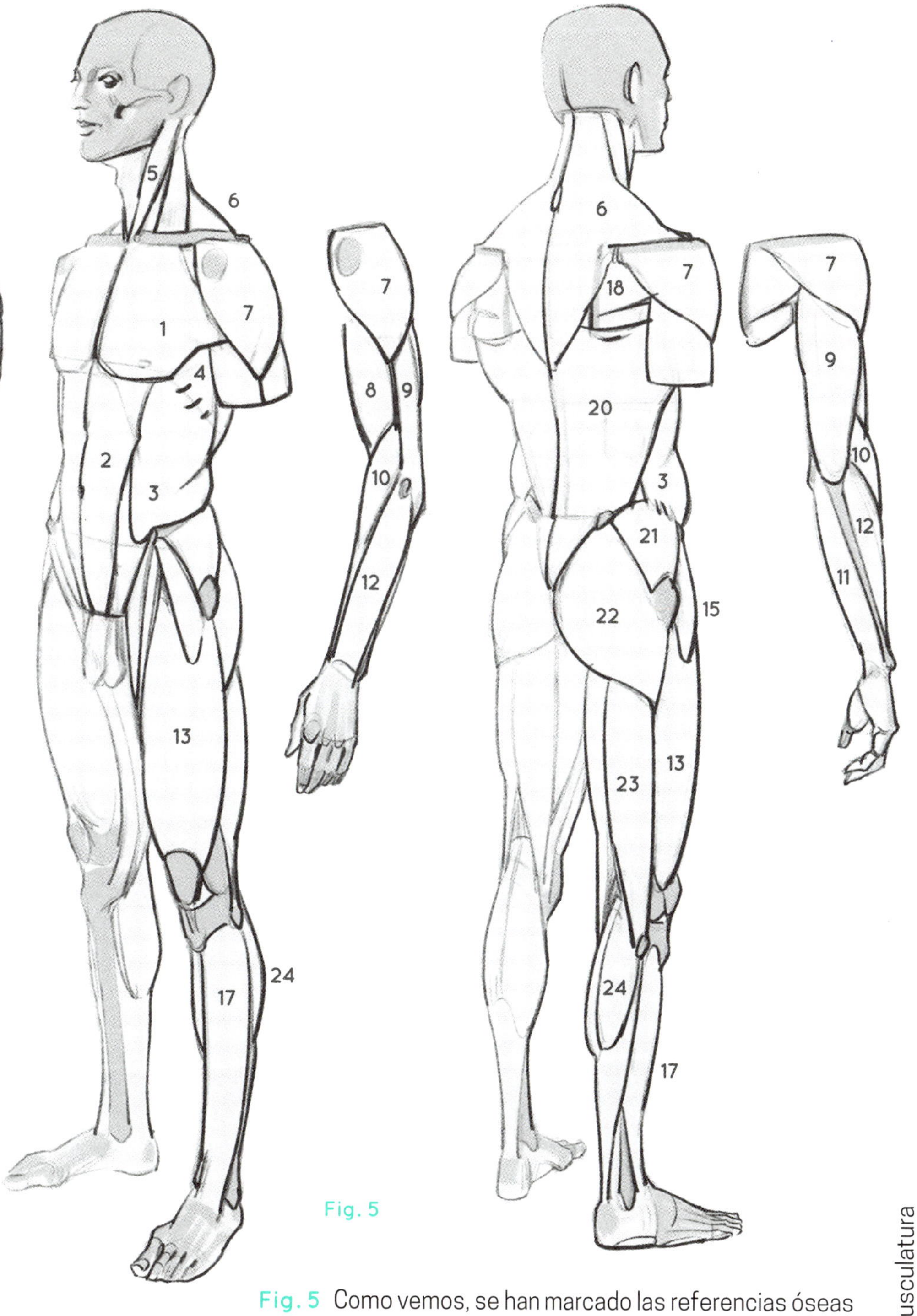

Fig. 5 Como vemos, se han marcado las referencias óseas en gris oscuro (véanse también las páginas 12 y 13).

La musculatura

La piel y la grasa

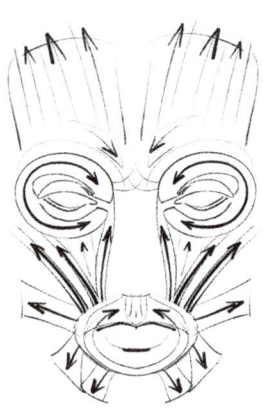

Fig. 1

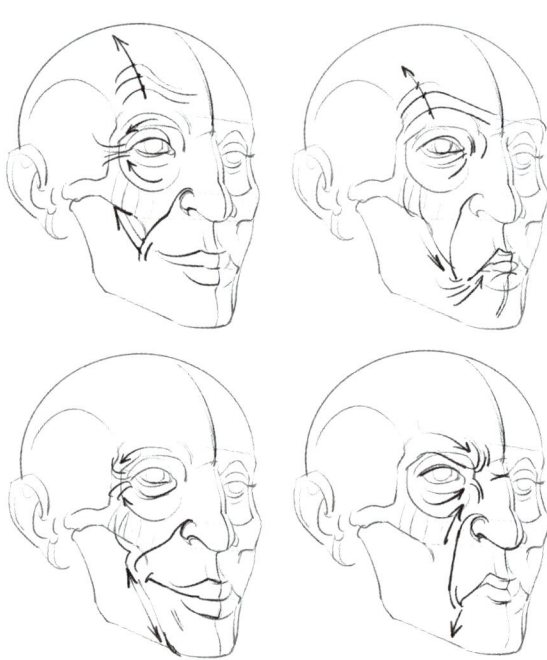

Fig. 1 Los músculos del rostro están adheridos a la piel y, en su mayor parte, se propagan en torno a la boca. Al contraerse, se encogen y arrastran con ellos la piel, formando pliegues perpendiculares en el sentido de sus fibras.

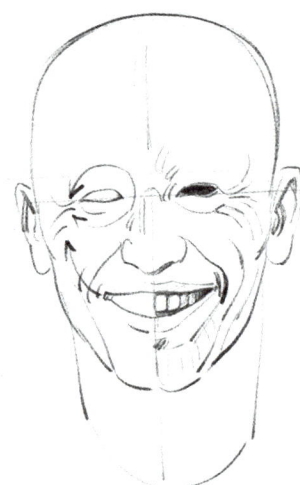

El esqueleto y la musculatura no son suficientes para explicar todas las formas del cuerpo. La grasa no se limita a rodear con un velo uniforme el conjunto de la silueta, sino que su espesor es variable según las zonas del cuerpo.

Figs. 2 y 3 Las formas pueden simplificarse o redondearse, pero, con la edad, la piel pierde su elasticidad, se arruga y acusa su propio peso.

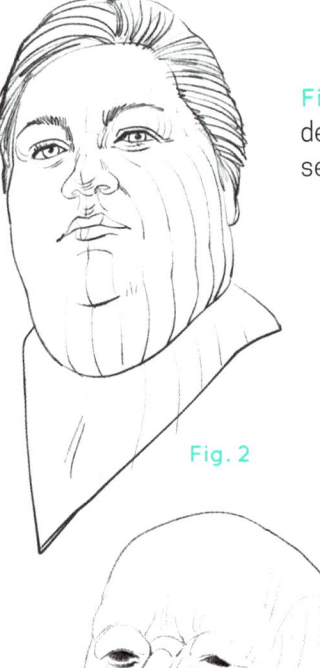

Fig. 2

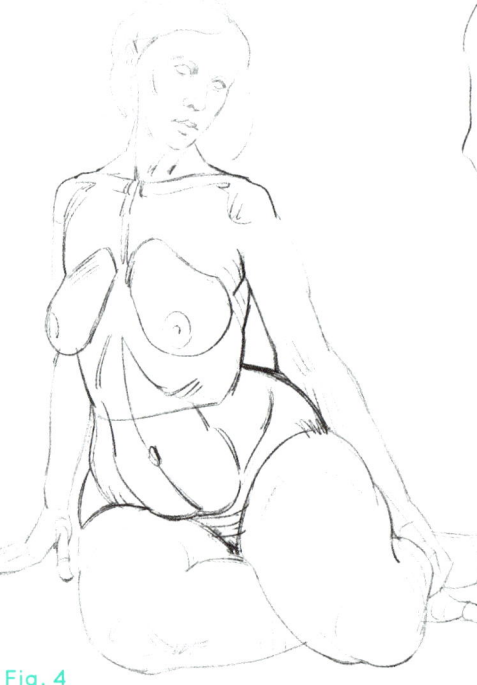

Fig. 3

Fig. 4

Fig. 4 La grasa del seno protege la glándula mamaria y su presencia es habitual en torno al pezón, independientemente del sexo del individuo. Tiende a desarrollarse con más facilidad alrededor del abdomen y a resaltar las nalgas.

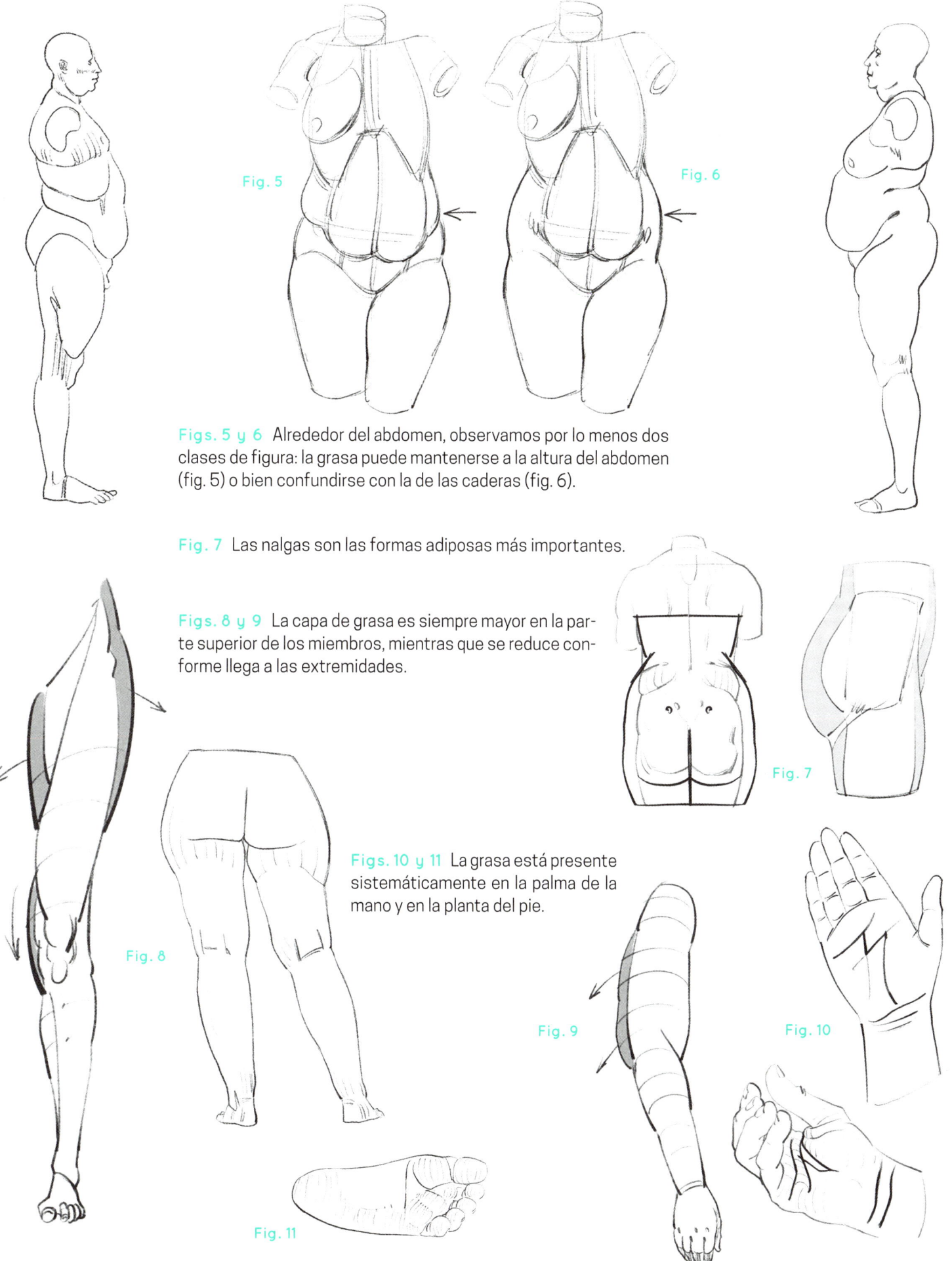

Figs. 5 y 6 Alrededor del abdomen, observamos por lo menos dos clases de figura: la grasa puede mantenerse a la altura del abdomen (fig. 5) o bien confundirse con la de las caderas (fig. 6).

Fig. 7 Las nalgas son las formas adiposas más importantes.

Figs. 8 y 9 La capa de grasa es siempre mayor en la parte superior de los miembros, mientras que se reduce conforme llega a las extremidades.

Figs. 10 y 11 La grasa está presente sistemáticamente en la palma de la mano y en la planta del pie.

Fig. 5

Fig. 6

Fig. 7

Fig. 8

Fig. 9

Fig. 10

Fig. 11

Las formas sintéticas

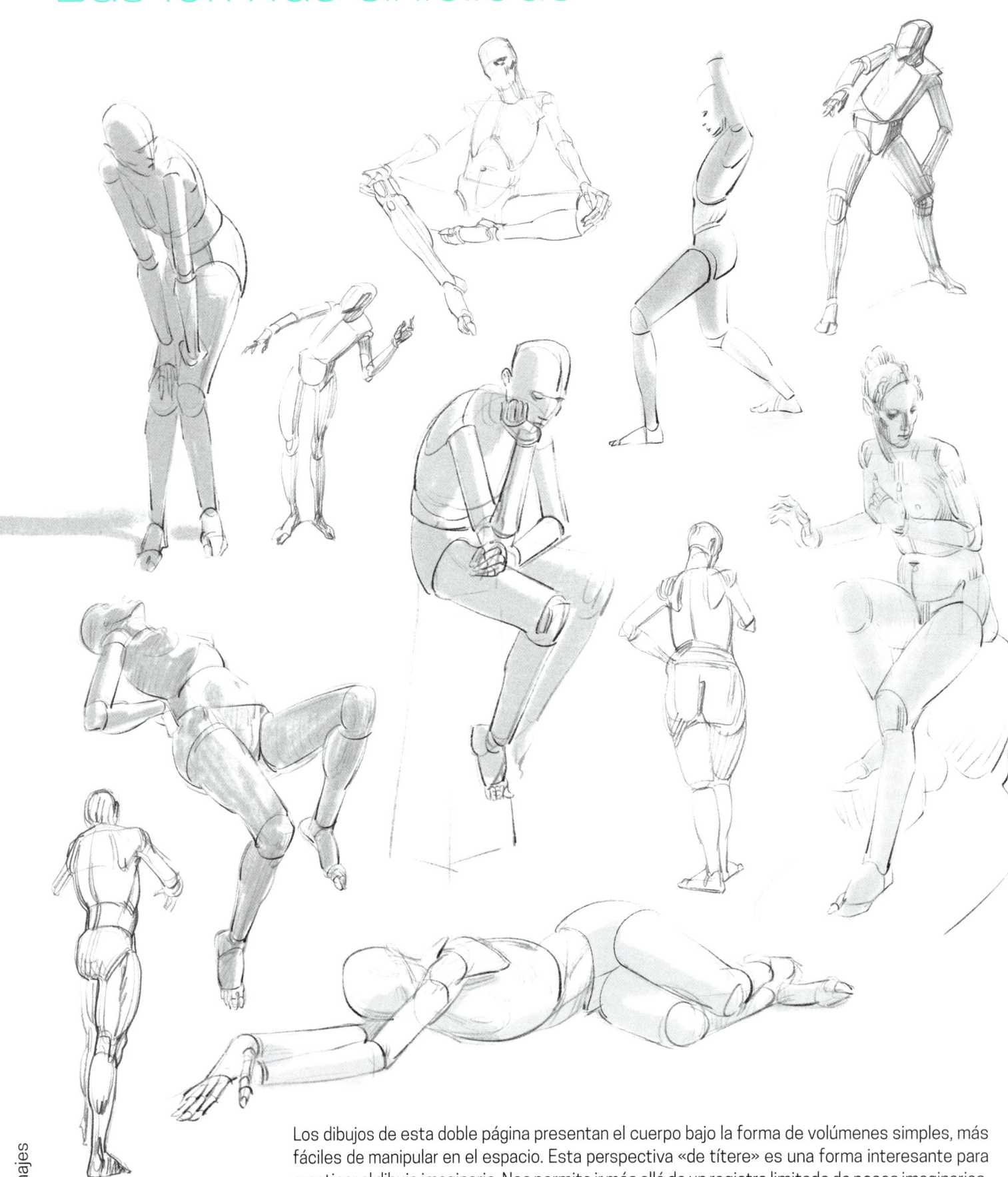

Los dibujos de esta doble página presentan el cuerpo bajo la forma de volúmenes simples, más fáciles de manipular en el espacio. Esta perspectiva «de títere» es una forma interesante para practicar el dibujo imaginario. Nos permite ir más allá de un registro limitado de poses imaginarias. Dedicaos a reproducir estos dibujos o bien inspiraos a partir de otros modelos.

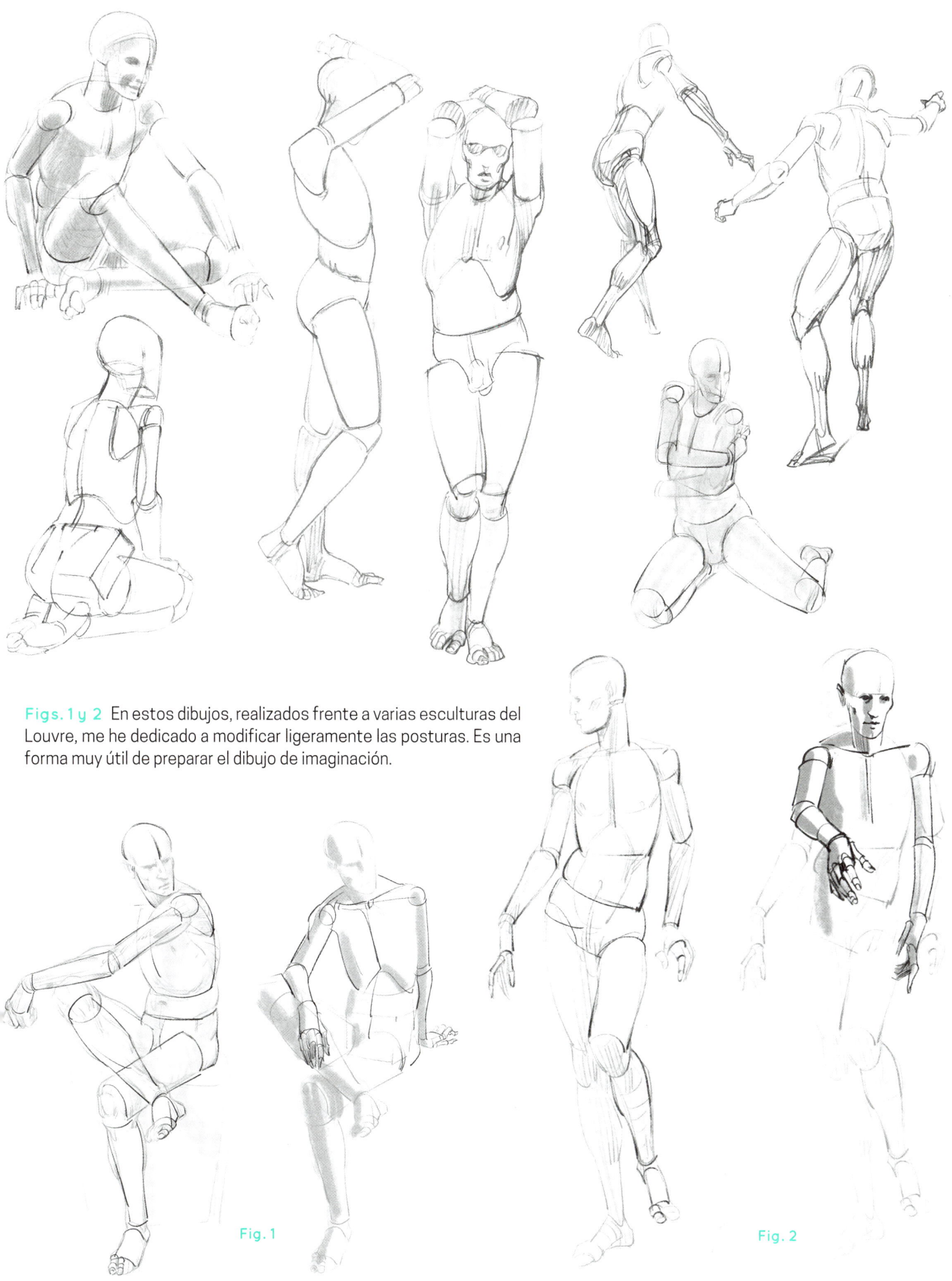

Figs. 1 y 2 En estos dibujos, realizados frente a varias esculturas del Louvre, me he dedicado a modificar ligeramente las posturas. Es una forma muy útil de preparar el dibujo de imaginación.

Fig. 1

Fig. 2

Las siluetas

Se trata ahora de ejercitar los ojos (¡y la mano!) para que se concentren en una visión de conjunto (visión global), luchar contra esa tendencia natural —pero no carente de riesgos— que consiste en comenzar por los detalles. ¿Por qué fijarse en los riesgos? Si estáis empezando, os arriesgáis a no saber componer bien la imagen (vuestro dibujo será demasiado grande o pequeño en relación con el formato), a no tener tiempo para terminarla o incluso tener dificultades para respetar las proporciones generales. Es más fácil, desde luego, dejar los detalles para después, sobre una visión de conjunto, aunque ello os pueda parecer contraintuitivo.

Haceos con una herramienta grande (un subrayador, un lápiz sin afilar, o bien un dedo, una gamuza y un carboncillo, etc.) e intentad trazar una silueta en el sentido de sus segmentos, más que delimitarla de manera continuada para colorearla o rellenarla después. No dudéis en fundir los segmentos del cuerpo en una sola masa al superponerlos. Dedicaos entonces a añadir, en el interior de la silueta, los detalles mediante trazos.

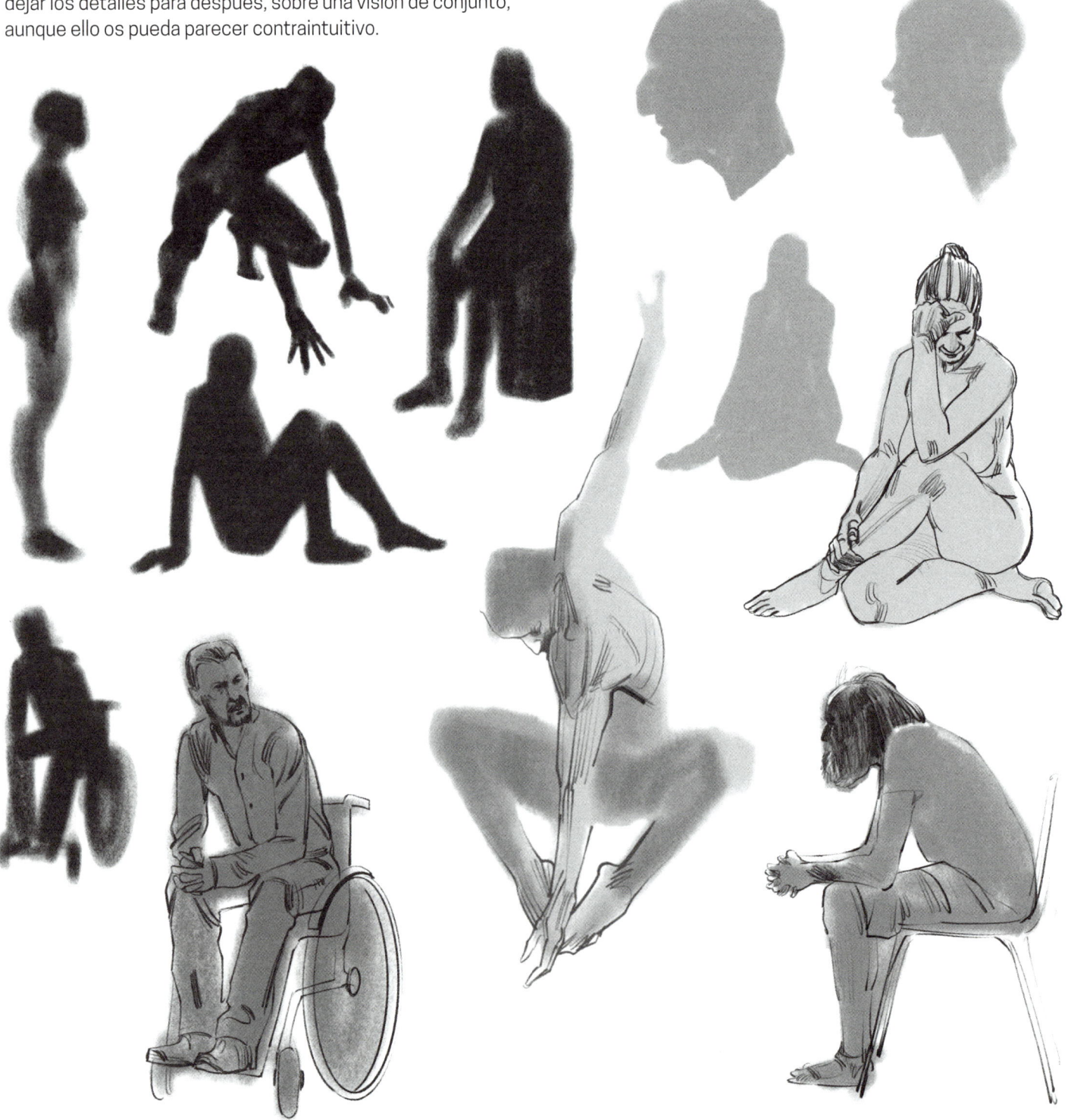

Los llenos y los vacíos

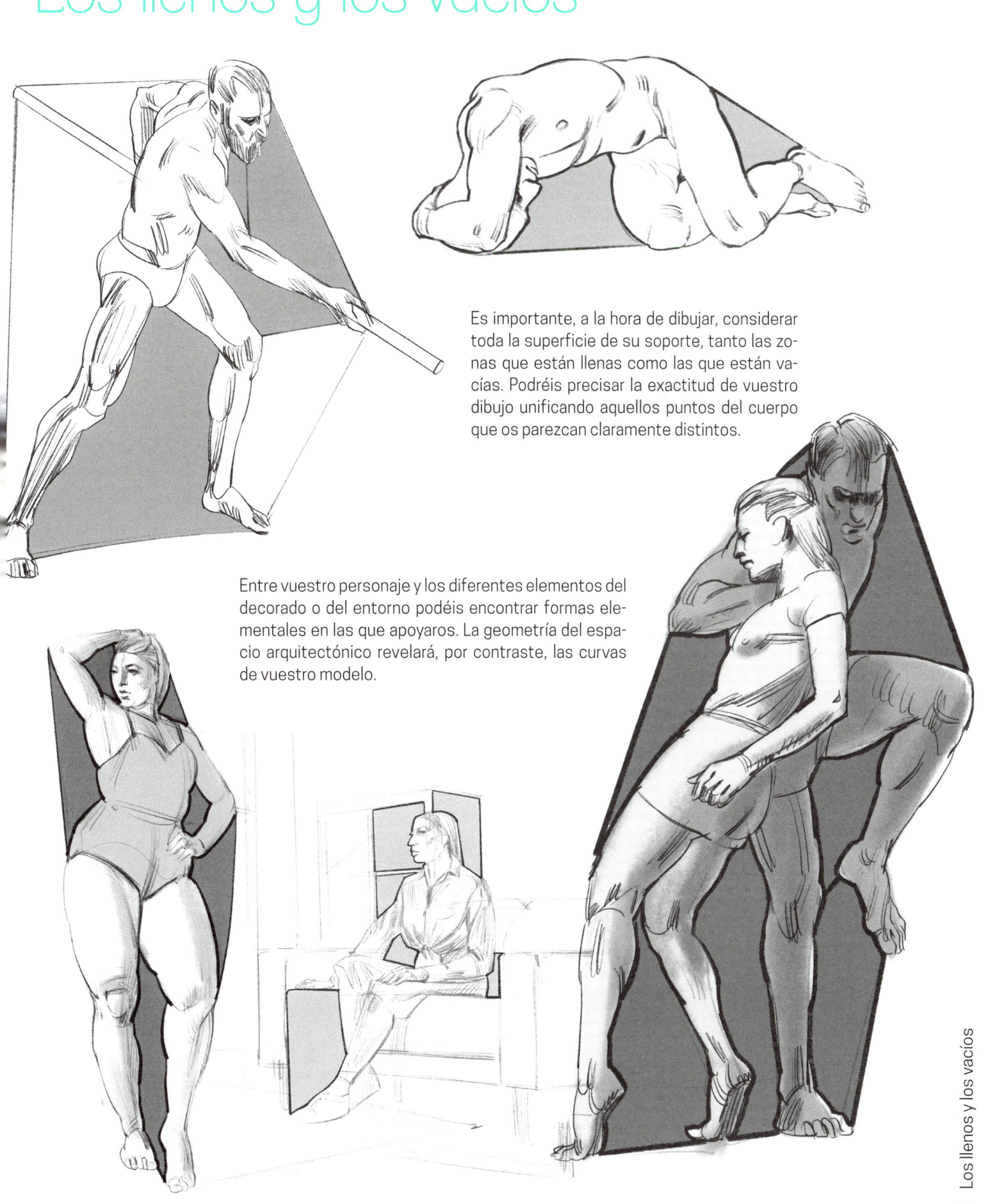

Es importante, a la hora de dibujar, considerar toda la superficie de su soporte, tanto las zonas que están llenas como las que están vacías. Podréis precisar la exactitud de vuestro dibujo unificando aquellos puntos del cuerpo que os parezcan claramente distintos.

Entre vuestro personaje y los diferentes elementos del decorado o del entorno podéis encontrar formas elementales en las que apoyaros. La geometría del espacio arquitectónico revelará, por contraste, las curvas de vuestro modelo.

La estructura

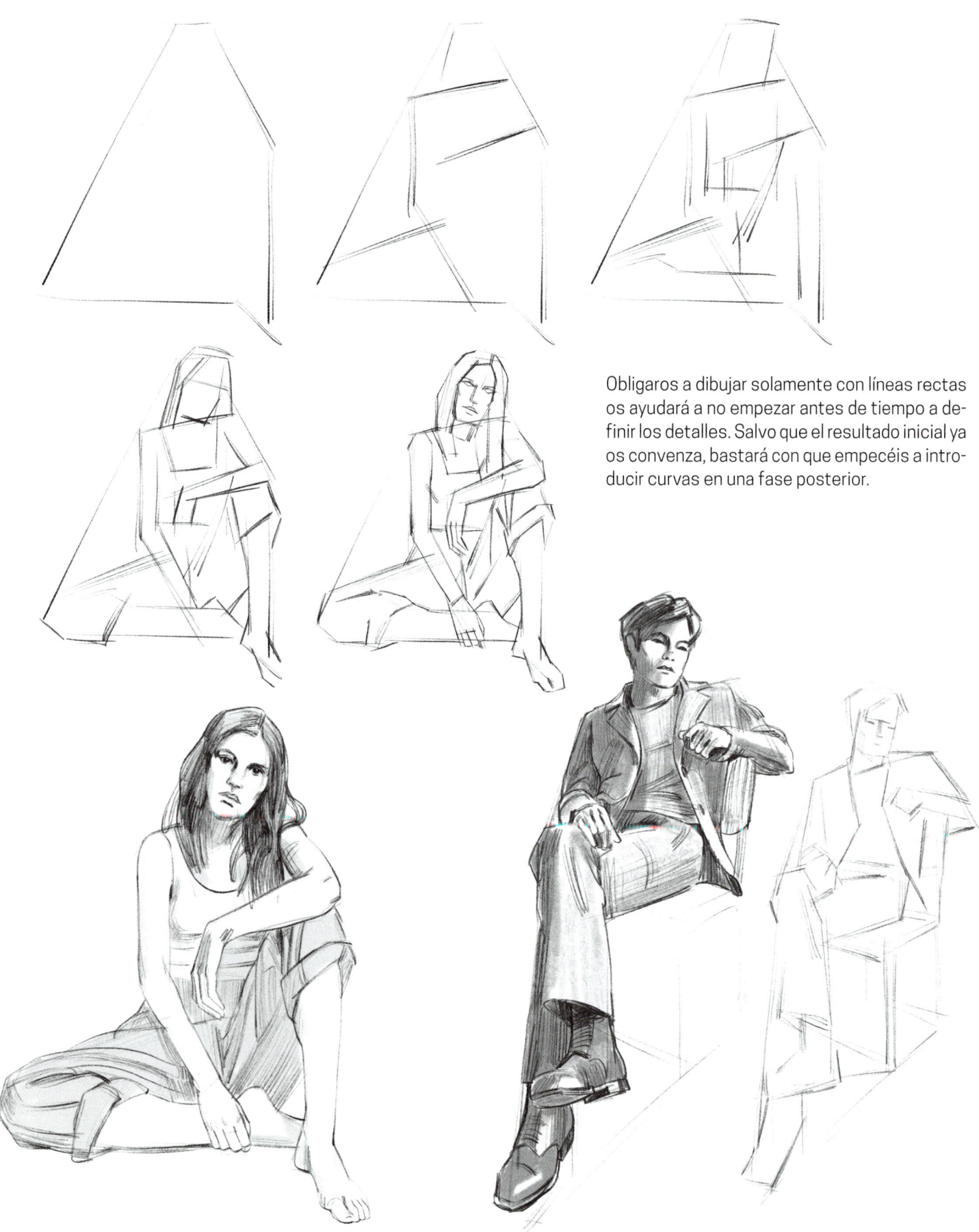

Obligaros a dibujar solamente con líneas rectas os ayudará a no empezar antes de tiempo a definir los detalles. Salvo que el resultado inicial ya os convenza, bastará con que empecéis a introducir curvas en una fase posterior.

Los aplomos

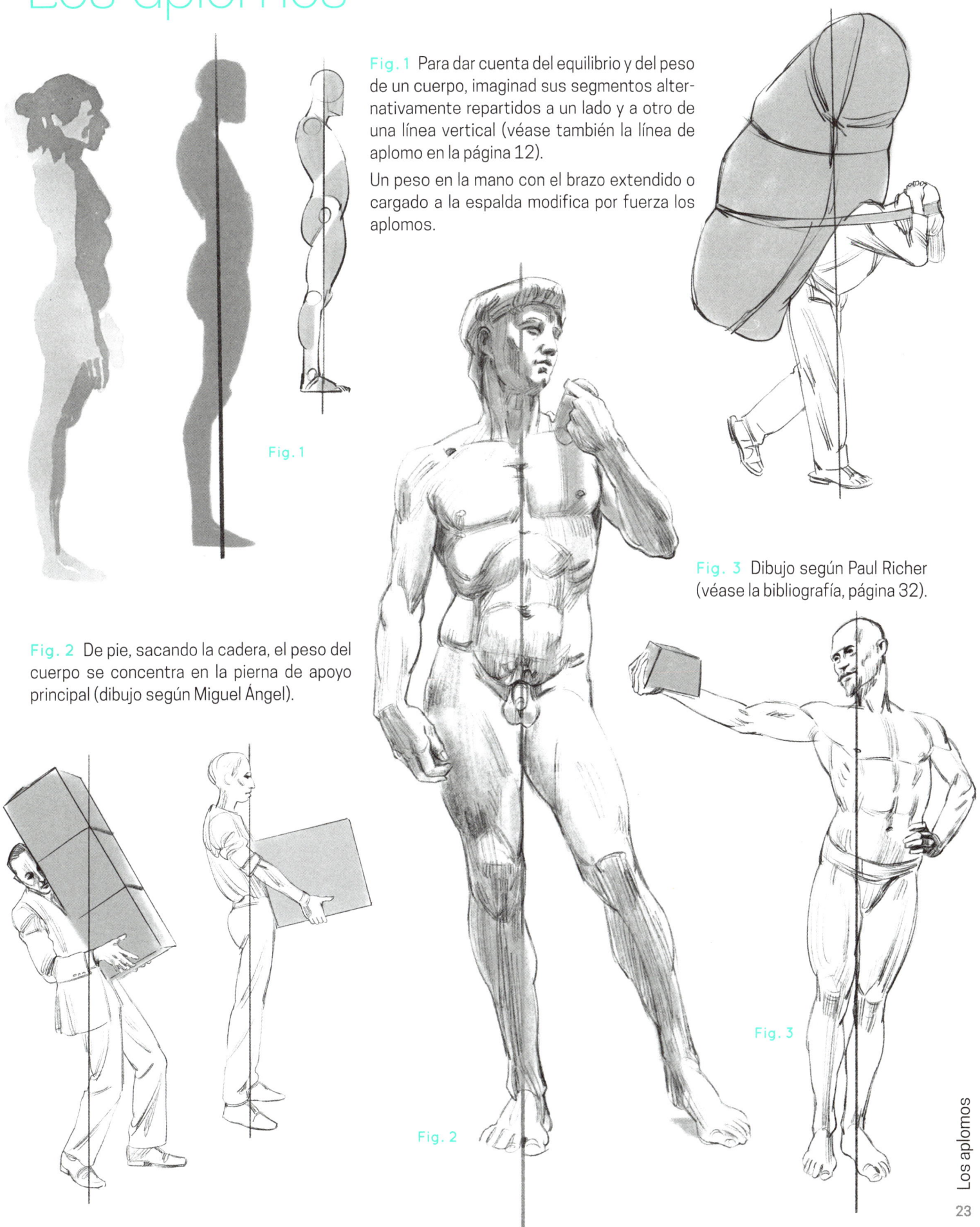

Fig. 1 Para dar cuenta del equilibrio y del peso de un cuerpo, imaginad sus segmentos alternativamente repartidos a un lado y a otro de una línea vertical (véase también la línea de aplomo en la página 12).

Un peso en la mano con el brazo extendido o cargado a la espalda modifica por fuerza los aplomos.

Fig. 1

Fig. 3 Dibujo según Paul Richer (véase la bibliografía, página 32).

Fig. 2 De pie, sacando la cadera, el peso del cuerpo se concentra en la pierna de apoyo principal (dibujo según Miguel Ángel).

Fig. 3

Fig. 2

El contorno y la línea continua

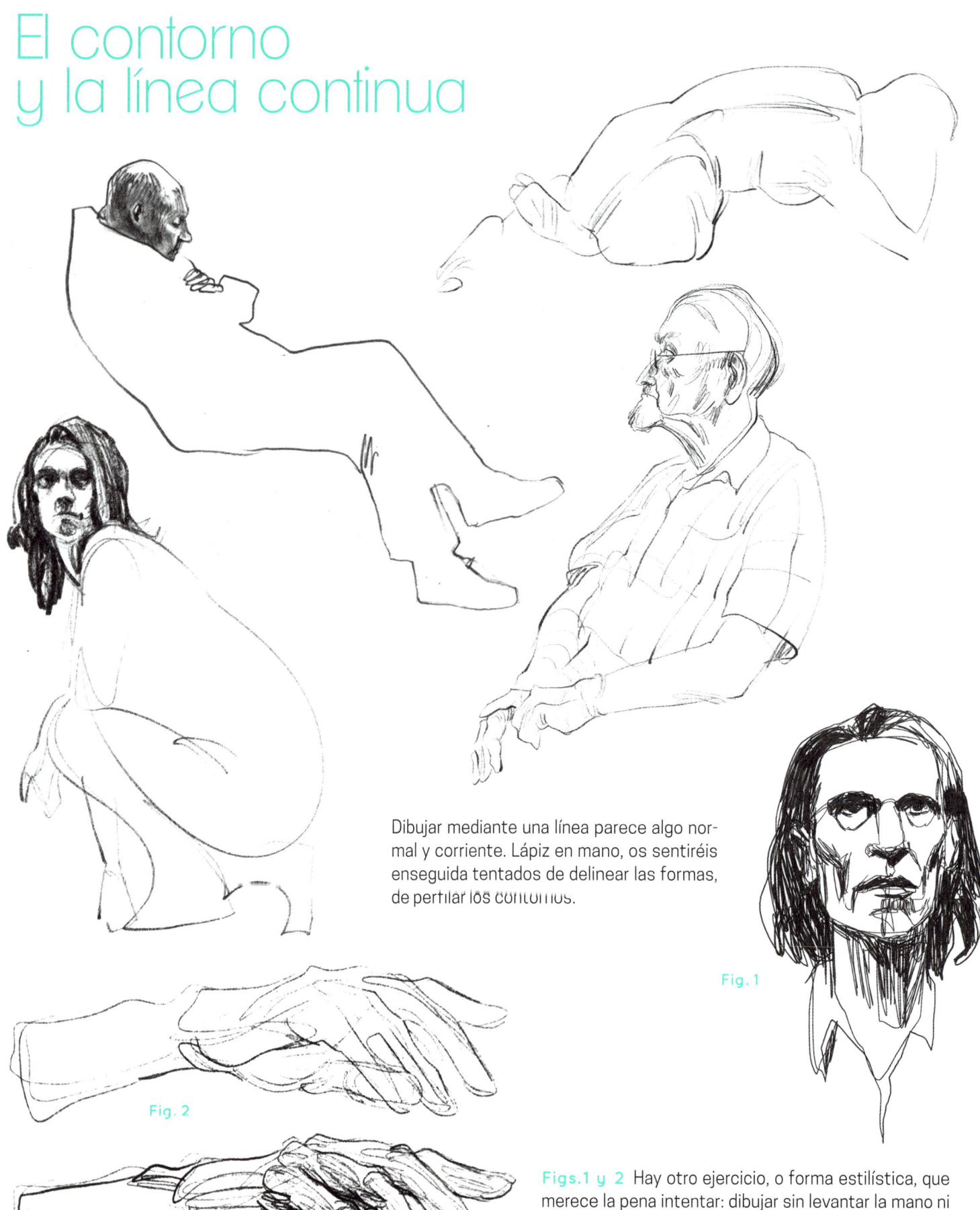

Dibujar mediante una línea parece algo normal y corriente. Lápiz en mano, os sentiréis enseguida tentados de delinear las formas, de perfilar los contornos.

Fig. 1

Fig. 2

Figs.1 y 2 Hay otro ejercicio, o forma estilística, que merece la pena intentar: dibujar sin levantar la mano ni separar la herramienta del soporte. Vuestro personaje aparecerá gracias a una sola línea continua; no importa si esta se superpone o si os sale un garabato.

Las líneas de fuerza

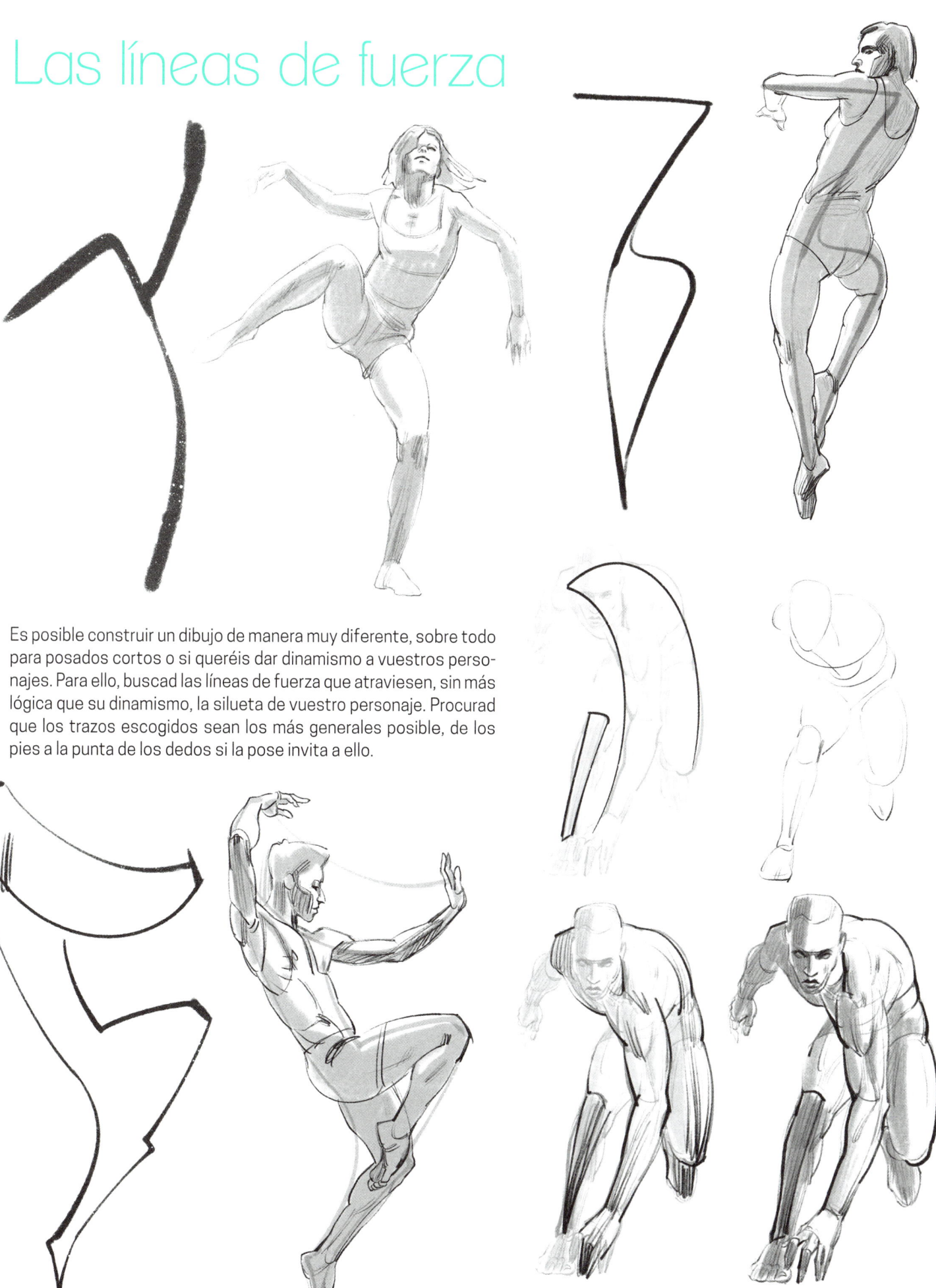

Es posible construir un dibujo de manera muy diferente, sobre todo para posados cortos o si queréis dar dinamismo a vuestros personajes. Para ello, buscad las líneas de fuerza que atraviesen, sin más lógica que su dinamismo, la silueta de vuestro personaje. Procurad que los trazos escogidos sean los más generales posible, de los pies a la punta de los dedos si la pose invita a ello.

La perspectiva

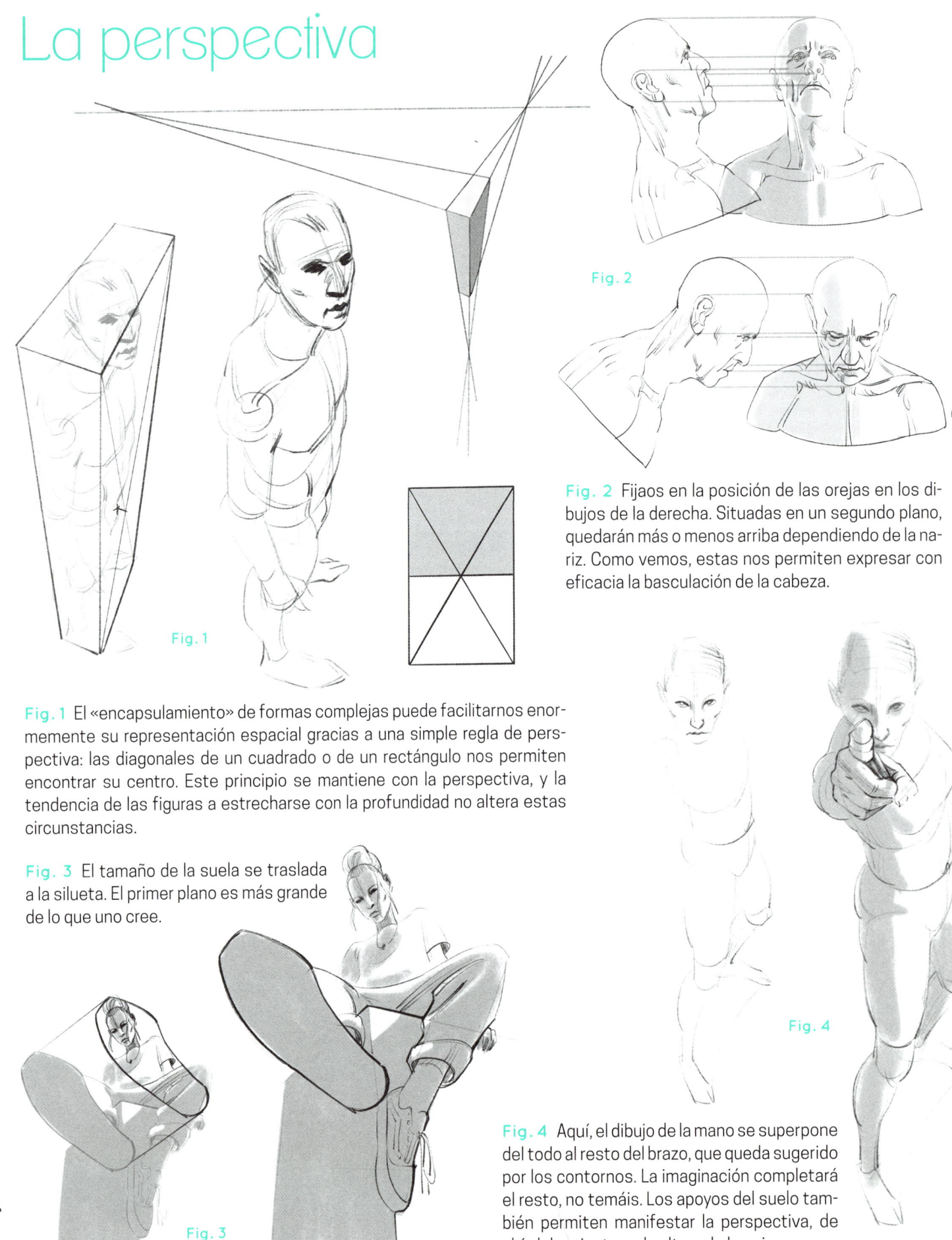

Fig. 1

Fig. 2

Fig. 2 Fijaos en la posición de las orejas en los dibujos de la derecha. Situadas en un segundo plano, quedarán más o menos arriba dependiendo de la nariz. Como vemos, estas nos permiten expresar con eficacia la basculación de la cabeza.

Fig. 1 El «encapsulamiento» de formas complejas puede facilitarnos enormemente su representación espacial gracias a una simple regla de perspectiva: las diagonales de un cuadrado o de un rectángulo nos permiten encontrar su centro. Este principio se mantiene con la perspectiva, y la tendencia de las figuras a estrecharse con la profundidad no altera estas circunstancias.

Fig. 3 El tamaño de la suela se traslada a la silueta. El primer plano es más grande de lo que uno cree.

Fig. 4

Fig. 3

Fig. 4 Aquí, el dibujo de la mano se superpone del todo al resto del brazo, que queda sugerido por los contornos. La imaginación completará el resto, no temáis. Los apoyos del suelo también permiten manifestar la perspectiva, de ahí el desajuste en la altura de los pies.

Los escorzos

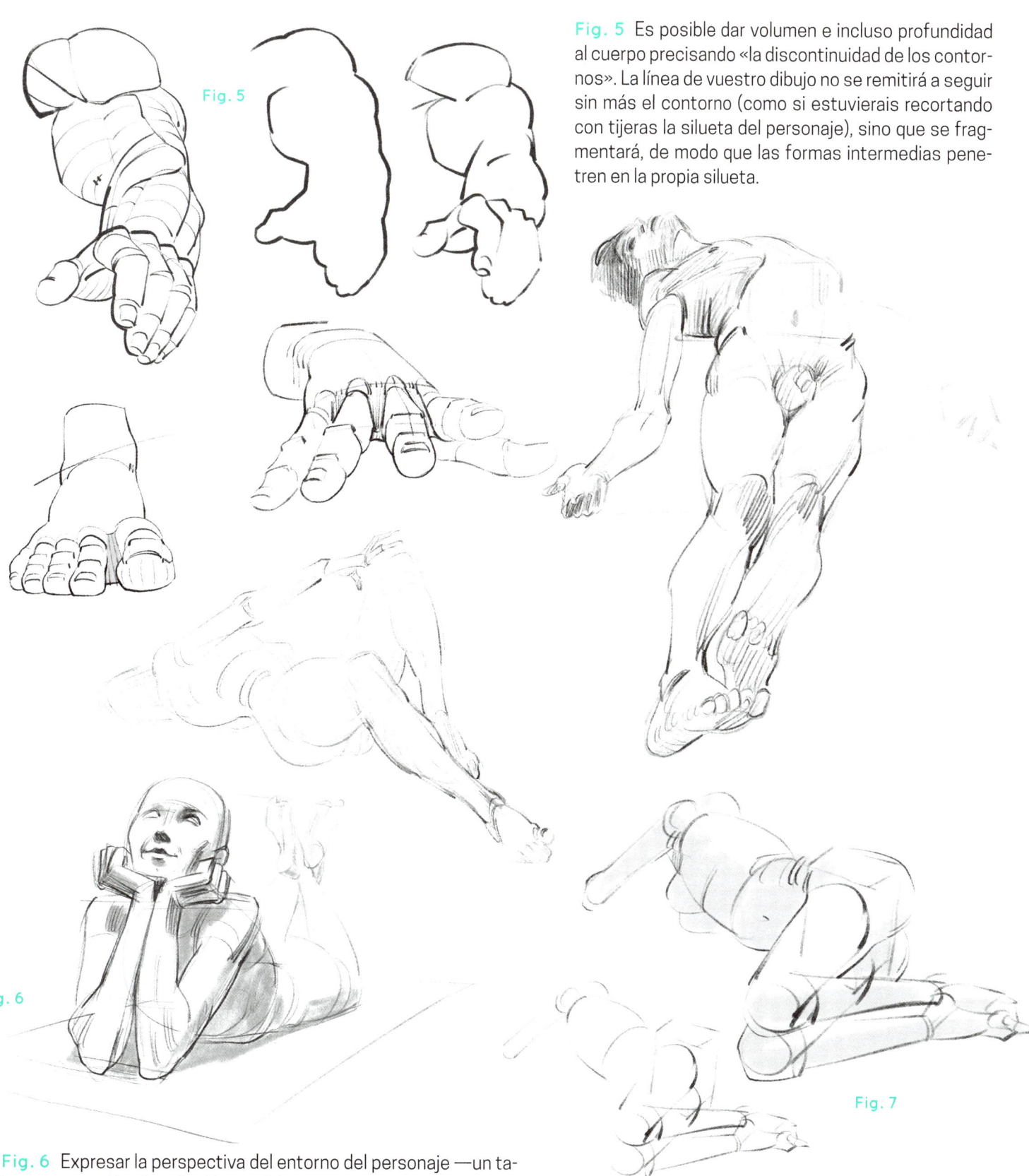

Fig. 5 Es posible dar volumen e incluso profundidad al cuerpo precisando «la discontinuidad de los contornos». La línea de vuestro dibujo no se remitirá a seguir sin más el contorno (como si estuvierais recortando con tijeras la silueta del personaje), sino que se fragmentará, de modo que las formas intermedias penetren en la propia silueta.

Fig. 6 Expresar la perspectiva del entorno del personaje —un taburete, una alfombra, las líneas del parquet, el volumen total de una habitación— refuerza también nuestra percepción de la profundidad. Lo mismo sucede cuando resaltamos el primer plano, especialmente mediante trazo de mayor intensidad.

Fig. 7 El apilamiento y la superposición de volúmenes simples facilita la visión en escorzo (véanse también las páginas 18 y 19).

El valor

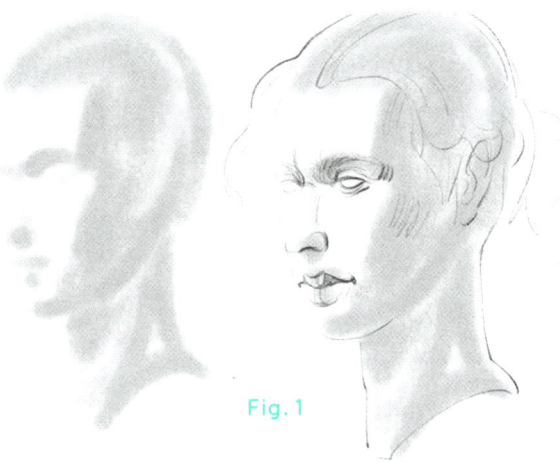

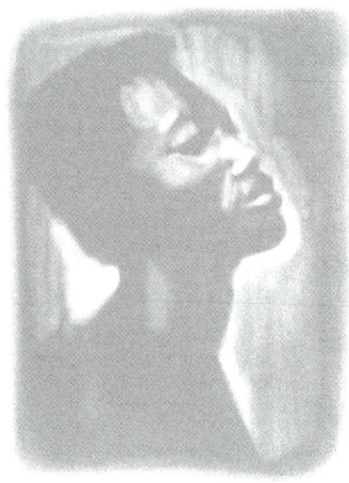

Fig. 1 El efecto del valor —las luces y las sombras— se puede emplear de entrada para ir situando las sombras (o las luces, si utilizáis un papel oscuro).

Fig. 2

Fig. 2 Si acometéis un desarrollo de los valores más detallado, os recomiendo escoger *a priori* una carta de colores, dibujando en el margen una escala de colores que vaya del blanco hasta el negro (o gris oscuro, como os parezca), y ateneros a la gama escogida durante todo el ejercicio. Dicho de otro modo, decidid de antemano en qué casilla de la escala ubicaréis las distintas tonalidades y las infinitas variaciones de gris que vuestro ojo percibirá en la piel o en la ropa de vuestro modelo. Os recomiendo que al principio partáis de un gris medio. Si el blanco queda reservado para el soporte (en el caso de que vuestro papel sea muy blanco), bastará con dejar intactas las zonas de luz; es lo que llamamos blanco «de reserva». Si vuestro soporte es grisáceo, como aquí, habrá que atenuarlas. Por último, ocupaos del tono más oscuro.

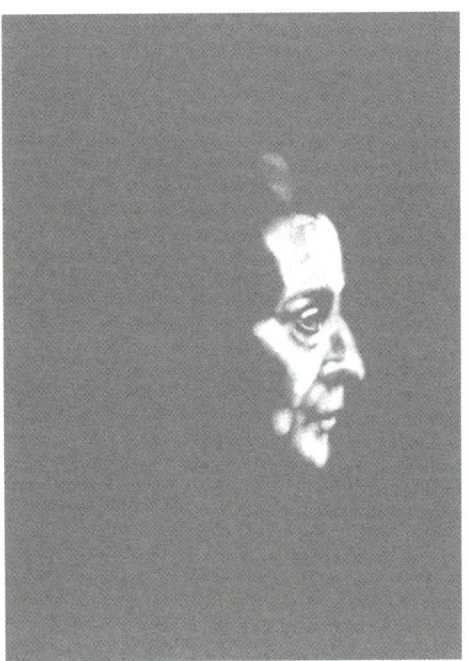

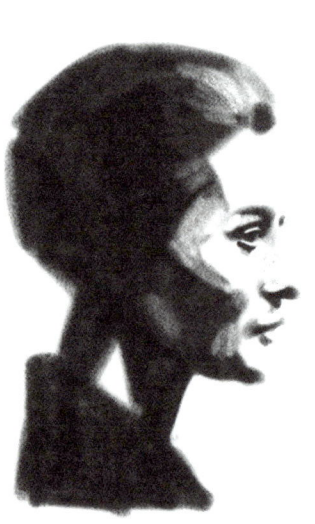

Fig. 3

Fig. 3 Superposición de dos calcos en una tableta gráfica. Las luces se dibujan mediante una goma sobre un fondo gris, que corresponde al gris medio de vuestra carta de colores.

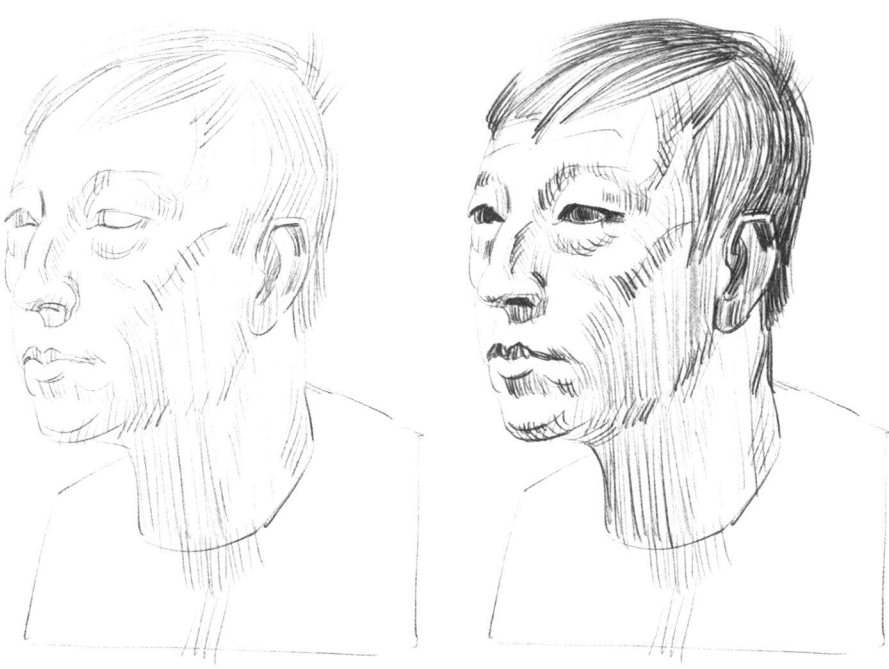

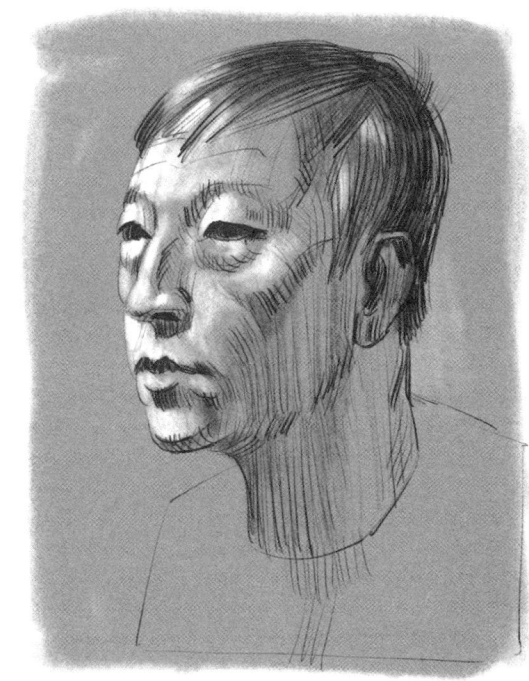

La línea se adapta muy bien a las indicaciones del valor. Podéis escoger traducir el volumen al estilo de los grabadores, es decir, utilizando tan solo una trama más o menos ajustada de líneas entrecruzadas.

También podéis optar por emplear fuertes contrastes o limitaros a trabajar en distintas tonalidades de gris.

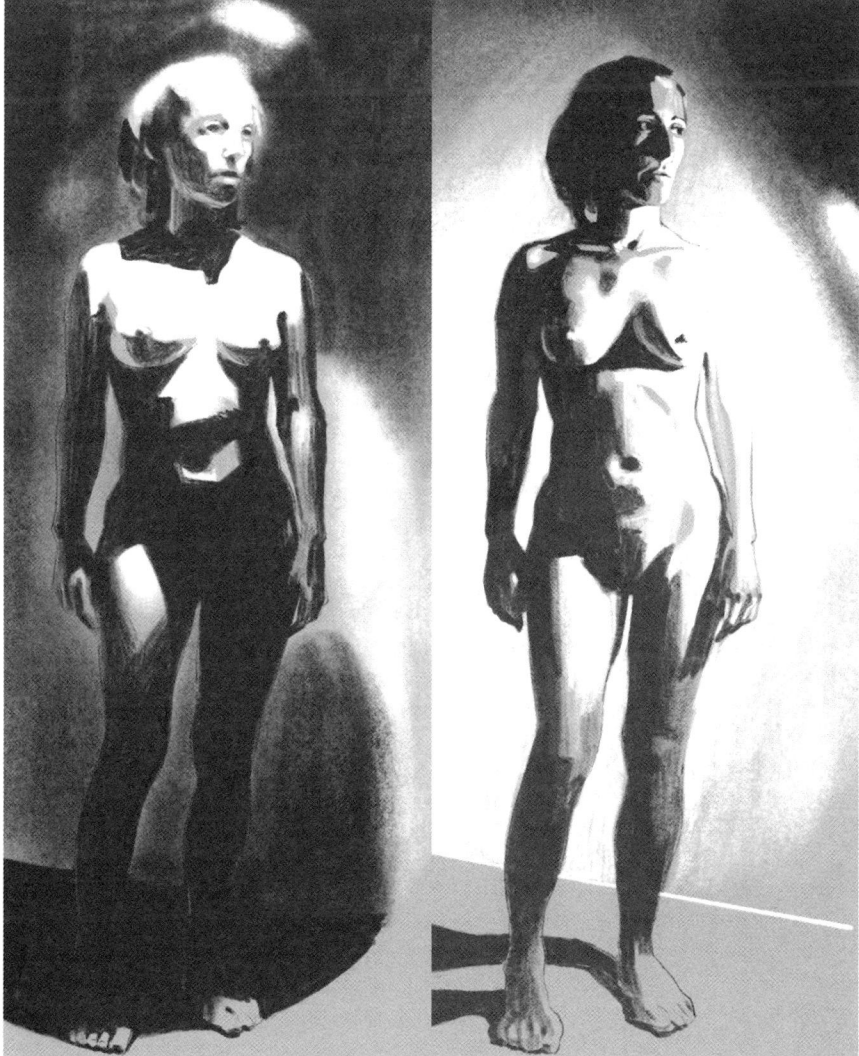

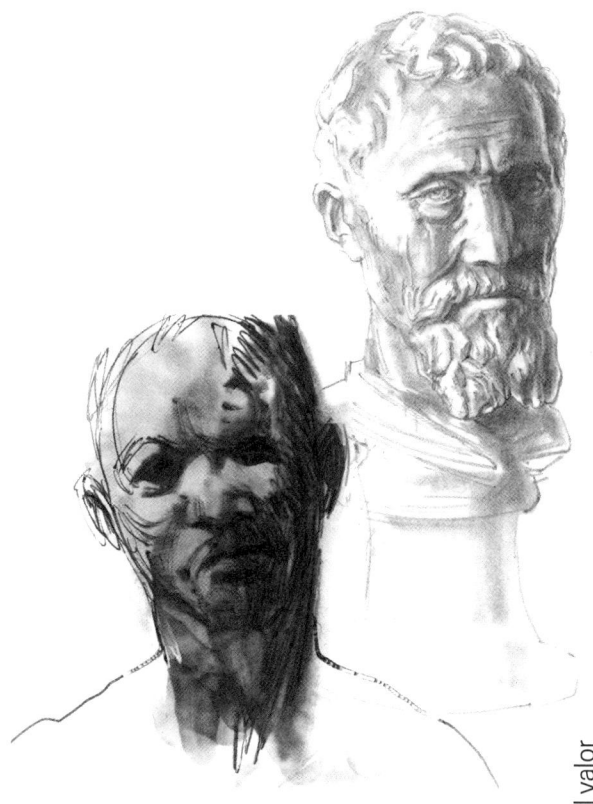

Los pliegues de la ropa

Podemos distinguir tres tipos de figura: el tejido puede estar suspendido (fig. 1), tensado (figs. 2, 3 y 4) o caído (fig. 5).

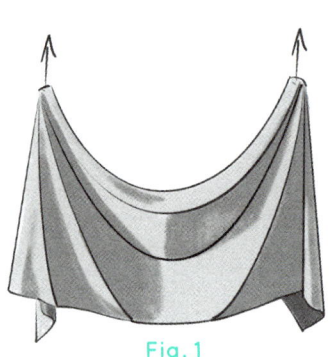

Fig. 1

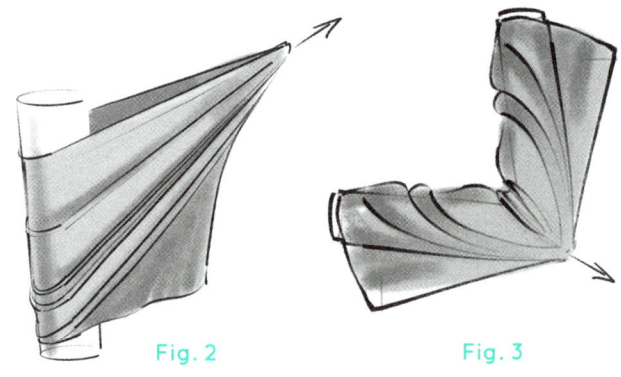

Fig. 2

Fig. 3

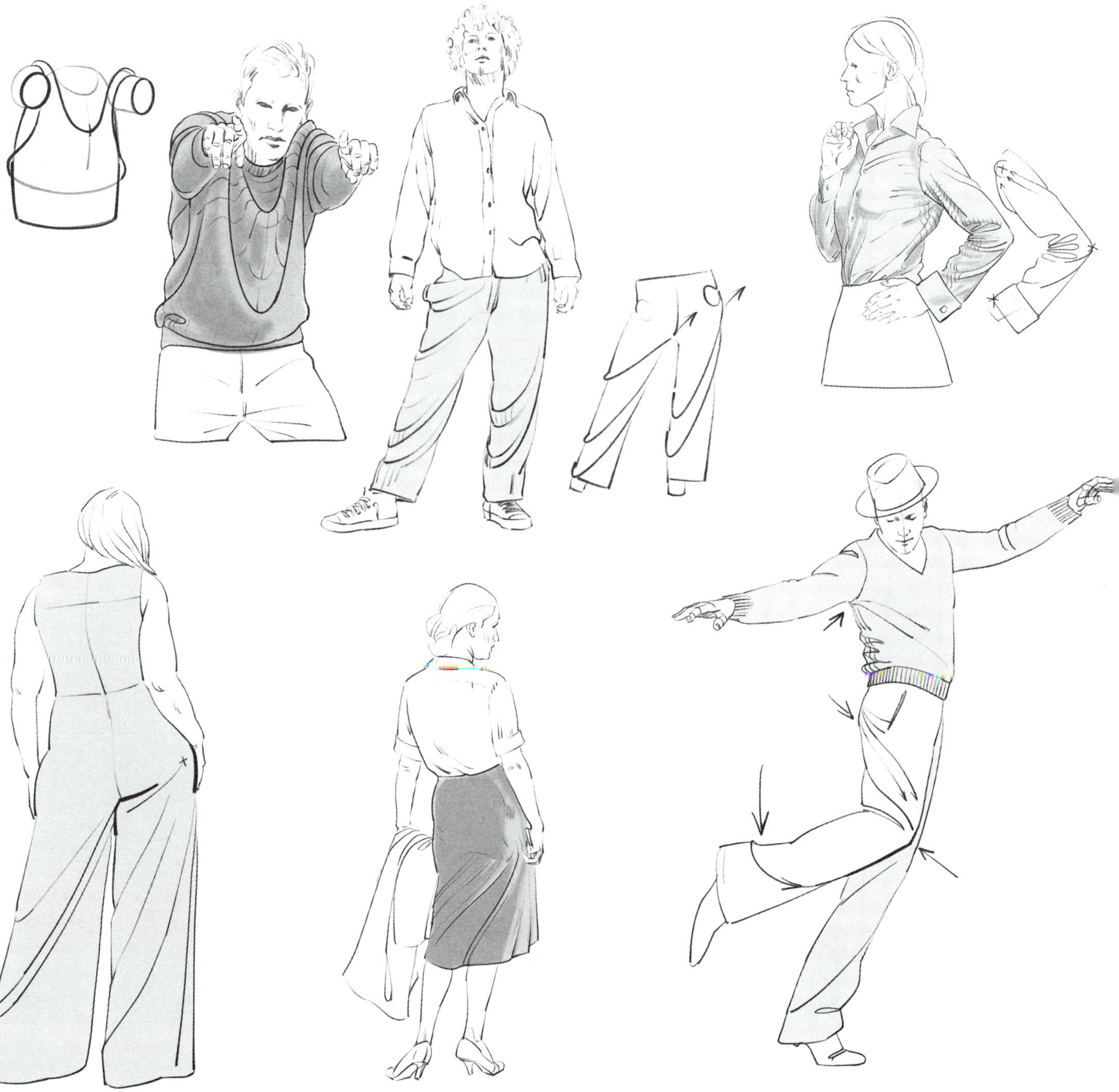

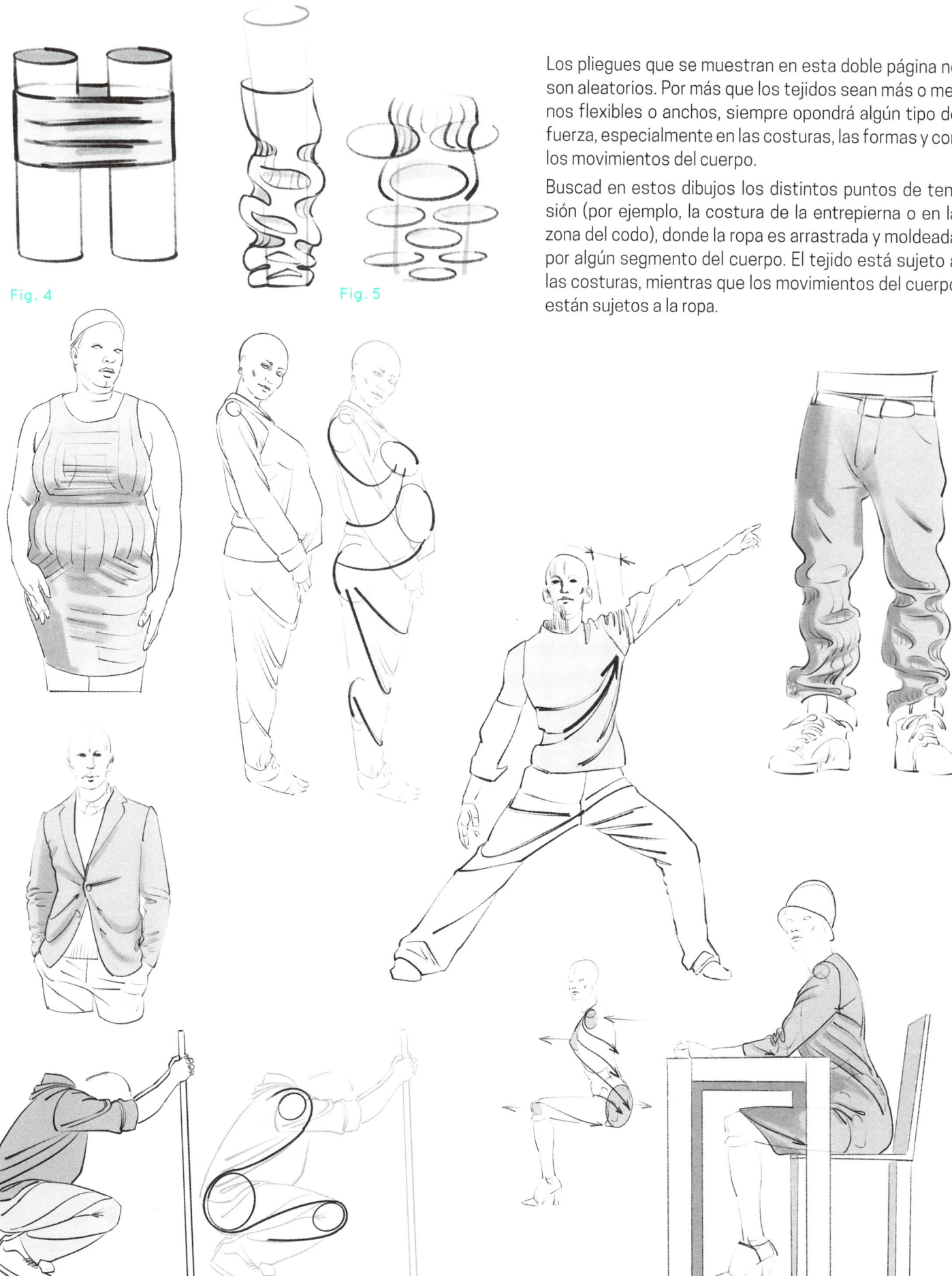

Los pliegues que se muestran en esta doble página no son aleatorios. Por más que los tejidos sean más o menos flexibles o anchos, siempre opondrá algún tipo de fuerza, especialmente en las costuras, las formas y con los movimientos del cuerpo.

Buscad en estos dibujos los distintos puntos de tensión (por ejemplo, la costura de la entrepierna o en la zona del codo), donde la ropa es arrastrada y moldeada por algún segmento del cuerpo. El tejido está sujeto a las costuras, mientras que los movimientos del cuerpo están sujetos a la ropa.

Fig. 4

Fig. 5

Bibliografía

Del mismo autor:

—Colección Anatomía artística, Editorial GG, Barcelona.

—*El taller de bolsillo*, Editorial GG, Barcelona, 2019.

—Gottfried Bammes, *Der nackte Mensch. Hand-und Lehrbuch der Anatomie für Künstler*, Verlag der Kunst, Dresde, 1982.

—Robert Barrett, *Le dessin d'après modèle vivant*, Éditions Eyrolles, París, 2014.

—Jake Spicer, *Manuel complet de dessin d'après modèle vivant*, Éditions Eyrolles, París, 2022.

—Thomas Wienc, *Dessiner d'après modèle vivant*, Éditions Dessain et Tolra, París, 2018.

—Las obras de Paul Richer están disponibles en línea en el portal Gallica.bnf.fr.

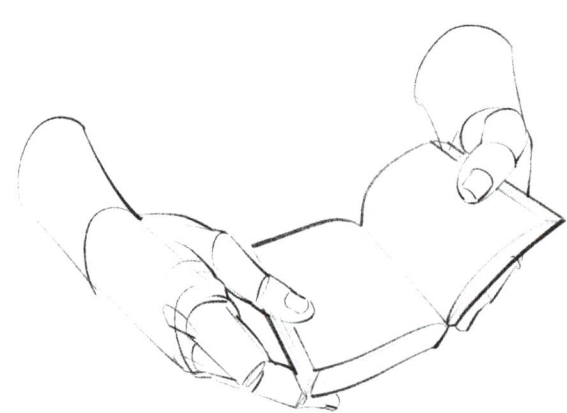